母親が知らないとツライ「女の子」の育て方

江藤真規
マザーカレッジ主宰
サイタコーディネーション代表

はじめに

女の子が思春期になると、つい母親は口うるさくなってしまいます。

「そんな服を着て出かけるの？　下着が見えそうじゃない！」

「スマホばっかりいじってないで、早くお風呂に入りなさい！」

すると娘は「うるさい！　黙ってて！」と反応してきます。

母親はカチンときて、

「なに、その言い方は！　あなたを心配して言っているのよ」

さあ、母と娘とのバトルの始まりです。


思春期の母娘は、お互いがクタクタになるまで、ぶつかり合ってしまいます。顔を合わせれば言い合いになり、家庭は不穏な空気に包まれます。

小さい頃は、母親の言うことを聞く、優しくいい子だったのに、あの子は一体どうしちゃったのかしら……。変化する娘に母親の不安感は増していきます。自分が通ってきた道故に、細かなことが気になり、口うるさくなってしまいます。そして自己嫌悪に陥ります。複雑な気持ちが入り交じる時期、これが思春期の娘育てをしている時期なのでしょう。

「子育てで一番大変だった時期はいつ？」と問われれば、私は間違いなく「思春期の頃」と答えるでしょう。先の見えない、暗いトンネルの中にいたように思い出します。

一方で、「人として一番成長できたのはいつ？」との問いにも、「思春期の娘を育てていた頃」と答えます。子育ての困難感とは裏腹に、大きな喜びを感じる時期でもありました。悩みと親としての自己成長を繰り返し、気づいてみれば、忘れられない思い出の数々とともに、娘も私も大きく変化していたのが、思春期の娘と過ごしていた頃なのです。

同性である母と娘の間には、特有の難しさがあります。特に、娘が子どもから女性に成長する思春期には、同性であるが故のぶつかり合いが多発します。

残念ながら、「こうしたらうまくいきますよ」という正解はありません。どれだけテクノロジーが進化しても、効率的に、簡単には成し遂げられないのが、子育てだからです。試行錯誤を繰り返しながら、アナログ発想で向き合っていくしかありません。しかし、やったほうがいいこと、やってはいけないことは多くあり、少し意識を向けるだけでも、思春期の娘との関係性はぐんと変わります。

「口うるさく言ってはいけない、しかし、放っておいてもいけない」

「守ってあげなければいけない、しかし、過干渉であってはいけない」

こんなどっちつかずの思春期の娘育てではありますが、だからこそ、強固な信念を持ちつつ、表面的には相手を受け入れる柔軟性が求められます。子育ての最終段階でもある思春期には、親としての力量が試されているのかもしれません。

本書では、私自身の娘育て経験、子育てコーチングを通して知り合った、多数のお母さんの娘育て経験を参考に、思春期の娘との向き合い方に関する私なりの考えをまとめました。皆さんの不安が少しでもとけ、少しでも多くの喜びを味わえるお手伝いとなれば、こんなうれしいことはございません。

思春期のトンネルは、必ず抜けられます。そして、トンネルの先には、今までには見たこともないような、エネルギーに満ち溢れた景色が待っています。

さあ、男の子の子育てとは少し違う、女の子の子育ての楽しみを味わっていきましょう。

２０１９年2月
江藤真規

CONTENTS

2章 子育ては家庭がキホン！ 毎日の生活ルールを身に付けさせる 41

CONTENTS

5章 子どもの成績を上げるために！ 勉強、受験で親がサポートできること

6章 「男の子」を意識する時期！ 恋愛、デート、性教育はどうする？ 163

7章 未来に向かって羽ばたけ！「自立した大人の女性」になるために

1章

同性だからこそ、難しい！「女の子」と母親の関係を理解しよう

「女の子が育てやすい」のは幼少期まで。男の子とは違った悩みも増える

女の子のほうが心の成長が早い分、バトルも根深くなる

よく、「女の子のほうが育てやすい」と言います。幼少期の頃は女の子のほうが身体が強いから、同年齢の男の子よりも精神的にしっかりしているから、ということが理由に挙げられます。また、男の子はよく動き回るので、小さい頃は大変だ、とも言われます。

しかし、ひと口に「男の子」「女の子」と言っても、おとなしい男の子はいますし、元気いっぱい駆け回る女の子もいます。もちろん、一概にどちらが育てやすい、と結論づけることはできませんが、一般的には女の子のほうが心の成長が早く、大人びた言動をするため、女の子のほうが手が離れるのが早い、と感じられるのでしょう。

ただ、思春期を迎えるとどうでしょうか。

男の子は、母親にとっては異性ですし、考え方や行動に理解できない部分が大きい「宇宙人」です。男の子の子育ての場合、思春期でトラブルがあっても、「宇宙人だからわからなくてもしょうがない」「自分と考えが違って当然」と思えます。

しかし、女の子の場合、母親を行動のモデルにしつつも互いに競い合う関係で、男の子よりもぐっと近い関係にあります。その分、お互いに意識し合い、批判し合うことになってしまいます。さらに女性は、過去の記憶を引きずり「あのときは嫌だった」というような会話をしがちですし、言葉尻を捉えては、あたかも「いつもそう言っている」ように解釈しがちです。その分、母×息子より、母×娘のほうが、根の深いケンカになりやすいのではないでしょうか。実際、女の子を持つママからは、「娘とケンカしてお互いに号泣した」という話をよく聞きます。

どちらの子育てがよいとか悪いとか、ラクだとか難しいという問題ではありませんが、母親にとって、男の子の子育てと女の子の子育てに、違いがあるのは事実です。ぶつかり合いがあることを前提に、いつかこの時期の母娘バトルを思い出して、笑い合えればよい……。女の子の子育てはこのように捉えるといいのかもしれません。

ポイント

この時期の悩みが子育てのよい経験となり、思い出に残るエピソードが増えればラッキーと考える。

思春期はホルモンバランスでイライラ。「触る」「ハグする」ボディタッチで落ち着く

身体と心の変化が大きく、自分のイライラがさらなるイライラの原因に

思春期はいつごろから始まるのでしょうか。かつては中学生から高校生ぐらい、と言われていましたが、今はもっと早く、女の子は9歳くらいから始まる、と言われます。周囲の影響を受けながら、大人としての自分を確立する渦中にある時期で、友達と群れを作り、その影響を受けて変わっていきます。

思春期になると、友達から得る情報やつながりに価値をおくようになるため、親への反発が強くなります。「反抗期」という言い方もあります。友達からどう見られるかが気になって、洋服や持ちものなども含めて、自分の外見を気にするようになります。また、このころは第二次性徴の時期にもあたります。初潮が始まり、胸がふくらむなど、急激に身体が変化するため、なおさら周囲からのまなざしが気になります。

ホルモンの影響でイライラするし、友達からどう思われているか心配で不安定になる。

思春期の女の子は、そんなイラつきや不安定さを、一番身近な母親にぶつけてきます。母親にとってはたまったものではありませんが、本人もモヤモヤしてもどかしく、苦しいのです。生意気だ、と感じることでしょうが、不安定な子どもの心もわかってあげましょう。

しかし、母親だって人間です。反抗ばかりしてくる子どもに、優しい言葉なんて、なかなかかけられないですよね。そこで役立つのが、ボディタッチです。言葉を選ぶより簡単ですし、どんなに荒れている心でも、優しく触ってあげれば、落ち着くものです。

思春期の頃は、イラついて大人ぶっているくせに、親に甘えたい、助けてもらいたいという思いも強くあり、なんとも複雑な時期なのです。そんな心をくみ取り、ハグしてあげる、ちょっと肩をもんであげるなど、ボディタッチをしてみてください。こわばった気持ちを軟らかくして、甘えさせてあげることが大事だと思います。

お母さんも娘さんに触れると、温かい気持ちになるはずです。これは、大きくなった男の子にはなかなかできない、女の子の母親だからこその特権です。

ポイント

辛いのは母親だけではない。
ボディタッチで固くなった心をとかす。

成長とともに娘だけが変わるわけではない。「自分も変わっていく」と母親も自覚する

更年期、夫婦関係、仕事上の立場……、母親も変化の時期

思春期は、子どもが大人への階段を上り始める時期。ホルモンのバランスが大きく変わる時期ですから、イライラして、身近な母親にストレスをぶつけてきます。では、ぶつけられるお母さんのほうは、どういう時期を迎えているのでしょうか。

子どもが小さい頃は、一つ一つに手がかかり、休む暇もない日々を送っていたことでしょう。しかし、この時期になれば、子どもに対する物理的なサポートは軽減し、時間的には余裕ができます。一方で、子どもに感情をぶつけられるという精神的な難しさが増し、心が休まりません。

ちょうど子どもが思春期の頃、多くのお母さんは更年期を迎え、ホルモンバランスを崩します。疲れやすくなり、気持ちの上でも落ち込むことが多くなります。

子どもも母親もホルモンバランスが変わる時期、それが子どもの思春期の頃なのです。

そして、この時期は、家族のライフイベントもいろいろと起こる時期。親の調子が悪くなって介護が必要になるかもしれないとか、ご主人の仕事の形態が変わって、その対応が大変になることも。仕事を持っているお母さんなら、ちょうど中堅、中間管理職になる頃で、仕事での悩みや苦労も増えるかもしれません。夫婦関係も、若い頃とはまた違ってきます。私のこれからの人生はどうなるんだろう、どうしていけばいいんだろうと不安を抱え、岐路に立たされる方も多いのではないでしょうか。

そんなときに、ちょうど思春期の娘から、冷たくキツイ言葉を投げかけられると、とてもこたえます。若い頃なら笑って流せたかもしれない一言が、許せなくなります。

「一生懸命に育ててきたのに、なぜこんなことを言われなければいけないの？」

と、虚しい気持ちでいっぱいになってしまいます。

背中を向けて横になる母に、娘は愛情の薄れという不安を感じている

では、今度は娘の目線で考えてみましょう。

実は、辛いのは子どもも同様です。次々とイライラが湧いてくる心をどう整えていいのかわからず、不安な気持ちでいっぱいです。クラスの仲間や部活の先輩など、外の人間関

係ができ、楽しく刺激的だけれど、その分人間関係を保つために、気を遣い疲れてしまう。これが思春期の女の子の状況です。そして、そんな時こそ母親に受け止めてもらいたいのに、母親は暗い表情でしんどそうにしている。

本当は母親に心の内を話したいのに、気持ちをぶつけられず、イライラする。暗い表情でネガティブなことを言いがちな母親に、「相談しても、ちっともいい解答がもらえない」と爆発する。「もっと明るくしていてほしいのに！」と。

そして、どんよりしている母親を見て、「私に対する愛情が薄れている」と不安定な女の子は誤解をしてしまいます。本当は、お母さんはただ、体調が悪いだけなのに。

特に、きょうだいがいる娘さんなら、思春期の時期はきょうだいと自分を比べて「私じゃなくて、他のきょうだいのほうが、お母さんはウマが合って好きなのかも」と疑います。

娘は、母親を攻撃しながらも、母親からの愛情が薄れてしまったのでは、と不安になり、その不安が、さらにキツイ言葉を生み出します。負のスパイラルに巻き込まれてしまうのです。

お互いに「自分をキライなのではないか」と不安になっている

お母さんは、いつもイライラしてキゲンが悪い娘に対して、

「娘は変わってしまった」

と、考える。一方、娘のほうも、いつも暗く落ち込んでいる母親を見て、

「お母さんは変わってしまった」

と、感じている。つまり、お互いが大好き同士だからこそ、相手の自分に対する気持ちに過敏になってしまうのです。

こんなすれ違いをなくすためにも、母親は、娘の変化だけでなく、自分の変化にも意識を向けてみましょう。

「私自身が、最近、不安定なのかな、その気持ちを娘にぶつけているかもしれないな」

と、自分の状態を客観視してみてはどうでしょう。

娘に痛めつけられる被害者なのではなく、「今、精神的にも肉体的にも辛い時期なのよね」と自分を捉えると、娘の一言もさらっと受け流せるようになるかもしれません。

ポイント

自分の精神的・体力的な変化にも意識を向けよう。娘ばかりが「変わってしまった」わけではない。

母親はストレスをためず「叱っていい」「ほめて伸ばす」が必ずしも正解ではない

的確に叱ることは、思春期の子には大事な母親の仕事

世間では、「子どもはほめて伸ばす」ブームが起きています。良いところをほめ、子どもの自己肯定感を高め、自信をつけさせなさい、と多くの有識者なる人が言っています。もちろん正論だと思います。一方で、こんな気持ちにもなってしまいます。いつでも親は、笑顔で子どものことをほめなければいけないのか……、果たしてそんなことができるのか？

今の世の中は、「ほめモード」になりすぎているように感じます。好きなことをやらせなさい、叱らないでほめなさい……。まるで母親は怒鳴ってはいけない、親なら我慢しなさい、とでも言われているように感じてしまいます。

実際、ちょっとひとこと言えば辛辣な言葉を返してくる娘を前に、ニコニコしていることなど、できるのでしょうか。母親だって人間です。娘の怒声に、つい怒声で返してしまうのを防ぐわけにはいきません。そもそも、「ほめて育てる」ために、親に我慢を強いるようでは、本末転倒なのではないでしょうか。
もちろん、怒鳴ってばかりの子育てでは、子どもとの間に壁をつくってしまう、本当に言いたいことが伝わらないなど、マイナス面は多いです。ただ、いい親を演じようとしすぎると、それもまた、伝わらない、もどかしい、ストレスがたまる……。
親は、もっとナチュラルでいてもいいのではないでしょうか。しっかりほめるけれど、時には、感情が入りすぎて怒鳴ってしまうこともある。親子間には、そんなことがあってもいいのだと感じます。親子なのですから……。

理不尽に怒鳴ってしまったら、「ごめん」と謝り、フォローすればいい。子どもには、腹の底から声を出して叱らないと、伝わらないこともあるのです。

どうぞ、「今、娘はひどい！」と思う瞬間があったら大いに吠えてください。本気で子どものことを心配し、諭してあげられるのは親しかいないのです。子どものために、怒鳴ってあげてください。きっと子どもには、親の本気の思いが伝わることでしょう。

ポイント

時には爆発する母親を見せる必要がある。怒鳴りすぎたら、「ごめんね」と謝る姿勢も大切に。

感情的な言葉でケンカしてもいい。「言葉のキャッチボール」はストレス解消に

口汚く言うことでイライラを吐き出し、落ち着く

思春期の頃の娘は、親と言い争うと大声をはりあげ、ひどい言葉を投げつけてきます。お母さんは娘に言われた言葉にダメージを受け、疲弊します。

でも、本気で母親のことが許せずに、娘はひどい言葉を発しているのでしょうか。子どもは、大人に比べて語彙が少なく、お母さんと言葉のバトルを繰り広げても、なかなか勝てません。冷静にうまく表現できないから、感情をそのままぶつけるような言葉になってしまうのかもしれません。

母親へのいらだちと、自分がうまく表現できないことに対するいらだちと、思春期の娘には、ダブルのいらだちがあるのです。言ったあとは、後悔していると思いますよ。お母さんに対して言いすぎた、悪いことをした、と。でも、一度始めてしまったバトルに、娘のほうからは引っ込みがつかなくなり、どんどんヒートアップしてしまいます。

一方で、父親との間には、このような言葉のバトルはあまりありません。父親は、娘の言葉にムッとしたら「勝手にしろ！」の一言で背を向けてしまう。または、キツイことを言われても、あまり反応しなかったり、ピント外れの答えを言ってみたり、言葉のキャッチボールになりにくいのです。

もちろん個人差はありますが、一般的に、女性は1日の発話数が多いのだそうです。言葉数が多いから、いらないことを言ってしまう。その言葉で、相手を傷つけてしまうこともある。ママ友同士のお付き合いでも、言いすぎてしまって失敗したという、苦い経験のある人は多いのではないでしょうか。

ともに、言葉数の多い母親と娘です。当然、言葉のキャッチボールには相当な言葉数があり、そこにはいらない言葉もたくさん含まれます。互いに傷つけ合ってしまうこともあるでしょう。しかし、そもそも、言葉を話すことが、「ストレス解消」になっている二人です。深刻に考えすぎず、腹の底から声を出し合って発散すればいいのではないでしょうか。

ポイント

ポンポンやり合い、腹の底から声を出すことがストレス解消に。お互いに心ゆくまでやり合っていい、と考えてみては。

「どうせ、わかってくれない」と反抗する子どもから逃げてはいけない

あえて母親との距離を置いている子のほうが、コワイ部分もある

母親は、自分につっかかってこない子のほうがラクなので、ついおとなしくて文句を言わない子を、よしとしてしまうところがあります。

「お宅のお子さん、言うことを聞いていいわね」、と。

しかし、「親以外の他者との関係性が深くなる」この時期に、母親の言いなりになっている娘のことは、逆に心配したほうがいいのかもしれません。どこかで自分の意見を言えるようにならないと、大人になってから困るのは子ども自身です。

親の言いなりになっている原因が、「親の力が強大すぎるから」ということであれば、ますます親子関係を見直したほうがいいでしょう。子どもは、「お母さんは何を言っても聞いてくれないから、この人に言ってもしょうがない」と思い、その思いはやがて、「お母さんが知らないところでやりたいことをやればいい」となってしまう可能性があるからです。

親には文句も言わずに、よい子に育っているように見えるお子さんが、実は裏で大きな問題を起こしていることもあります。お母さんの力が絶対的であれば、同意せざるを得ない。または、同意しているふりをしなければならない。周囲からの影響を受け、お母さんとは異なる自分の考えを持ち始めた思春期の娘です。**表面的にはお母さんに同意しているように見せかけて、「お母さんが知らないところ」には、まったく異なる娘がいることもあるのです**。親の目の届かぬところで暴走を始めた娘は、ルールを知りません。大きな不正にまでなってしまう可能性があります。

反抗する子どもと真正面から付き合うのは本当に大変なことです。しかし、その切羽詰まった思いを受け止めてあげられるのは、親しかいないのではないでしょうか。

うちの子、ちっとも反抗しないなと思ったら、なぜしないのか、一度考えてみてください。そして、できるだけなんでも親に言える環境を整えてください。

ポイント

親には口をつぐみ、裏で悪いことをしているケースも。
子どもの反抗心は、正常な発達と捉えよう。

娘との関係に疲れたら、友達に吐き出す。「グチを言い合える」ママ友を大切に

苦しいのは娘を持つママ共通。お互いに慰め合って前に進もう

「母親なんて、割に合わない仕事」と思った経験はありませんか？

私自身も、子どもと激しい言い合いはもちろんのこと、モノの投げ合いまでしたこともあり、その時は、本当に悲しく、虚しく、無能感でいっぱいでした。

小さい頃から一生懸命に育てて来たのに、私は何をやってきたのだろう。これまでの頑張りが、砂山が崩れるようにザーッと消えていくような気がして。

私の育て方が悪かったのかな。私の努力が足りなかったのかな……。私には子育てが適していないのかなと、悲しさと後悔が入り交じった気持ちになります。

でも、そんなふうに思っているのは、あなたばかりではありません。うまくいっていそうな母娘でも、必ずいろいろ抱えています。だから、つながってみませんか。思春期の娘育てを越えていくには、その虚しい気持ち、辛い気持ちを分かち合い、グチを言い合える居場所や友達を持つことは、とても重要です。

そういう話は、夫にしたところで、たいして聞いてくれませんし、「まあ、いいじゃないか」などと言葉が返ってくると、かえって腹が立ちます。娘の反抗期の難しさに関しては、女同士のほうが共感し合えると感じます。

私が主宰している『マザーカレッジ』には、2つの役割があります。子育てコーチングを学ぶ場であり、お母さんが心の内を吐露し合って元気になる場です。受講者のお母さん方が仲良くなり、「ちょっと、聞いてよ、うちの娘が……」などとおしゃべりをする場でもあり、それで元気を得て帰宅される方が多いです。

家からなかなか出られなくても、今は、インターネット等でつながり合うこともできます。もちろん信用できるサイトを選ばなければいけませんが。

思春期の子育ての悩みは、母親ひとりで解決しようと思わないで、社会で知り合う方々と乗り切っていくとよいと思います。

ポイント

母親特有の悩みや辛さは、みんなに共通している。夫と話すより、女同士のほうが共感できる。

「なんだか辛い」「モヤモヤしている」ときは子育ての悩みを書き出してみよう

お風呂に入ってゆっくり考えるのもいい

子育てに悩んだら、人と話してスッキリするのも効果的ですが、じっくりと自分に向き合う、というやり方もおすすめです。「なんだか辛い」「モヤモヤする」というのは、悩みの根本がよくわからず、それでいて悩みはなくならない、という状態です。悩みに振り回されるのではなく、悩みを越えるという発想で、モヤモヤから抜け出しましょう。悩みの正体を明確にすることで、悩みの半分は解決したといっても過言ではありません。

「私は具体的に何に困っているの？」

「どこをどうしたいの？」

と、「解決できること」を考えていきます。

私はよく、お風呂に入ったときなどに、自問自答します。ひとりで雑音がない状態で考えられる場所ですから、考えがまとまりやすいです。まとまった考えは、お風呂から出たら、すぐに書きとめておきます。人間とは、忘れてしまう生き物だからです。

また、アウトプットの一番効果的なものは、文字に書くことだからです。思考をアウトプットすると、自分はどうしたらいいか、何から行動すればいいかが見えてきます。

悩みを越えるためには、悩みを可視化することは非常に大事です。

判断、選択に迷い、決められない場合には、各々のメリットとデメリットは何なのかを書き出すと、頭の中がスッキリします。書き出されたデメリットがたくさんあるときは、自分の考えが性急すぎていることにも気づきます。また、デメリットが具体化されていれば、リスクを回避した行動を選択することもできます。

明確な理由はないけれども、子育てにネガティブになってしまう時には、自分の子どものいいところを書き出すのもおすすめですよ。いいところをありったけ書き出すと、子どものいつもと違う面を改めて発見でき、落ち着くことができます。

お気に入りの飲みものを片手に、じっくりと自分と向き合い、書き出してみてください。

ポイント

まず、何に悩んでいるのかを明確にする。
解決策のメリット・デメリットを書き出して失敗を防ぐ。

「一番安心してわがままを言える」母親とは、娘が自分をさらけ出せる存在

一番頼りにし、信頼しているからこそのバトルだと考えよう

友達には満面の笑みでいつもキゲンよく対応、父親にはあっさりとした態度。なのに、娘は母親ばかりにからんできます。顔つきさえ違い、母とバトル中は、まるで悪魔を見るような目つきに……。

なぜ、娘は母親ばかりを怒りをぶつけるターゲットにするのでしょう？

答えは簡単。娘にとって、母親が最も、ありのままの自分を出せる相手だからです。生まれたときから自分のなにもかもをさらけ出してきた母親には、どんなイライラもぶつけてよいような気がするのです。友達には、怒りを爆発させるところなど見せられません。父親にも、一定の線引きをしながら話すことが多いでしょう。

つまり、母親は娘にとって、一番安心してわがままが言える存在なのです。**飾ることなく素の自分を見せても大丈夫、という安心感があるのです。いい子を装わなくて済む相手**

なのです。

最近、結婚した娘が言っていました。

「私はすぐキレるし、だらしないし、こんなところはダンナさんには見せられないって思ってた。こういう部分を見せられるのは、お母さんだけだと思っていたの。最近ようやく、自分のダメなところを彼に少し見せられるようになってきたな」と。

娘も大人になれば、母を怒らせないようにと、本音を言わずに我慢する場面が増えてきます。母親が年を重ねれば、弱った母を見て、今度は娘が母をいたわる立場になるのかもしれません。

考えてみれば、無防備に何も考えず、自分の本音をストレートにぶちまけてくるのは思春期まで。バトルは辛いけれど、娘を丸ごと受け止められるのは今だけと思って、体力を蓄えて頑張って向き合ってください。ここでのお母さんの踏ん張りが、あとあとの娘との幸せな関係につながることは間違いないと感じます。

ポイント

娘が本音をそのままぶつけてくるのは、思春期の今だけ。辛いけれど、子育ての集大成でもあるこの時期を味わってください。

「姉妹」といってもタイプはさまざま。「共感」できなければ「理解」すればいい

「わかる、わかる」と共感できる子もいれば、そうでない子も

小さな頃は、子どもは、おおむね母の思うように動くものです。しかし、成長するにしたがって子どもの個性が際立ち、価値観や言動が大きく変化してきます。

例えば、我が家の長女は小さい頃はおとなしくよく勉強する子、言うことをよく聞き、他人に優しい、いわゆる優等生タイプの子でした。しかし、成長するにつれ、私にとっては「理解不能」な存在となっていったのです。好きなことはとことん、しかし、興味のないことはやらないという価値観で生きるようになり、異なるタイプの私は困惑し、葛藤を感じるようになりました。彼女は今、医学の世界で生きています。

ＬＩＮＥで連絡しても、こまめに返事を返してくる次女とは違って、「生きているのかしら」と思うほど連絡がないこともあります。返事を求めても、「大丈夫」というそっけない3文字を返してくるだけとか……。

思えば、思春期の頃から、彼女は私との関わり方を、変えるようにしてきたのかもしれません。アメリカで育った小学生時代を経て、日本の女子校に入り、ちょうど思春期となる中学時代に、文化や価値観の違いに戸惑ったことがありました。母親の価値観は日本の価値観。しかし、自分の価値観は、そこには合わない。**そんな中で生き抜くために、彼女は自分とは何かを追求し、自分の個性を再構築させたのかもしれません**。母親と自分の違い、価値観の異なる世界を知ったことは、結果彼女を大きく成長させました。

慰めてくれるのは次女、客観的な意見を言ってくれるのは長女

一方、次女のほうは、いつも私には共感的に関わってくれます。私が何かを成し遂げた時には、部屋の飾りつけまでして、「ママ、頑張ったね」と、手作りの料理でもてなしてくれるような子です。私とある意味、波長が似ているのか、私が苦しんでいることや喜んでいることを、よくくみ取ってくれます。次女と話しているときは、「そうそう、わかる、わかる！」という共感の言葉が多くなります。

女の子とひとくくりにできないほど、二人の娘は個性が違います。そして、間違いなく、小さい頃より今のほうが、個性の違いが際立っています。二人が大きく異なる性質へ

と成長していったのは、思春期を境に……かもしれません。

もちろん、どちらも、私にとってはかわいい、大切な娘です。次女は、私を認め、共感してくれるありがたい存在。そして、長女の意見はとても客観性があり、私にはない視点をくれますので、やはりありがたい存在。二人には、とても感謝しています。

長女のストイックさについては、なかなか共感できない部分もあります。しかし、そうであれば、共感するのではなく、「理解」すればよいのだと思います。

「そういう考え方もあるのね」と。

母親と娘がなんでもかんでも共感できるのは、小さい頃までかもしれません。**娘が成長した以降は、個性や意見を客観的に見て、自分との違いを尊重する**。「共感」ばかりではなく、娘を「理解」することの大切さも、心にとめておきたいですね。

母親と姉妹、そこには女性同士の楽しい関係がありつつ、同性同士のちょっと複雑な関係があるのかもしれません。「共感」以外の形で、愛情表現をすることも大切です。

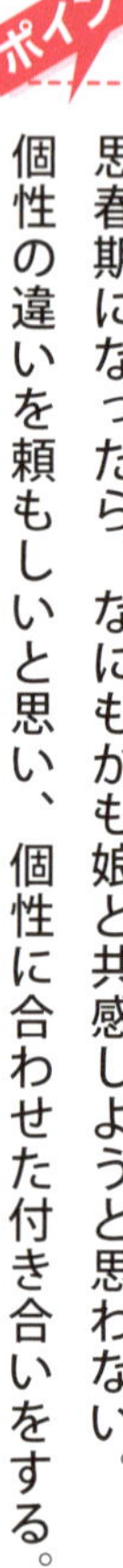

2章

子育ては家庭がキホン！毎日の生活ルールを身に付けさせる

「よその家と比べても意味ない」子どもを思っての我が家のルールを作ろう

親の家に住んでいるのだ、という自覚を促そう

この10年ほどの間に次々に新しい通信機器や伝達手段が出てきて、私たちの生活は一変しました。自分たちの思春期の時代の常識が通用しないこともよくあります。

こんな時代には、新しい考え方で子どもに接していくための柔軟性が、親には求められます。やみくもに禁止をするのではなく、時代に合った対応をしながらの、家庭のルール作りが必要ということです。

思春期は、巣立ちの時期です。「親が絶対」だった幼少期とは違い、周囲の仲間たちと交流しながら、自分の価値観を磨く時期です。子どもの自立は尊重しなければいけません。

ただ、おもねることはありません。子どもたちを養い、育てているのは親なのです。親には、我が家のルールを作る権利も、義務もあるはずです。

いつ何時でも、温かく、優しく、そして厳しく家族を支えているのが母親です。柔軟に、しかし自信をもって、しっかりと娘を支えられるようなルールを作りましょう。

「お母さんがあなたの成長を願うルール」と意味づける

ルールを作るときは、なぜそのルールが必要なのか、子どもに説明をします。理由がなく従わせることはできません。特に思春期の娘を相手には無理でしょう。例えば、

「うちは乱れた言葉は使わない」

と決めたら、「ダセェ」「うぜえ」などと娘が言う度、注意します。

「お母さんは、そういう言葉を使うことに反対です。なぜなら、そういう言葉を使っていると、心まで乱れてくるから。あなた自身がソンするのだから、やめるべきだよ」

と。説明の仕方としては、

「お母さんが」という主語で、

「あなたのためによくないと思うからだ」

という理由づけにします。

世間の目を気にしているのではない。母としてあなたを大事に思っている。だから、あなたが将来成長していくために必要だと思うことは、ルールにすると。あなたが気づかな

いことを母親として伝えますよ、という言い方をし、理解を促すことが大切です。

子どもは、世間体を気にする親を嫌います。なので、娘に注意する際に、

「そんなことをしていてはみっともない」

「世間でどんなことをしていることを言われるかわからない……」

などと言おうものなら、食ってかかってきます。何も伝わらなくなってしまいます。

また、友達の家のルールをもってきて、反発することもよくあります。

「○○ちゃんの家はそんなルールはない、もっと自由だよ」と言ってきます。

そのときの答えは、

「よそはよそ、うちはうち」。まずは、シンプルにいきましょう。


そして、理由は次に説明します。

「○○ちゃんの家では、そういう自由が大切なんだね。でも、お母さんは、あなたが中学生の間は反対なの。今は自分で危険を回避することができないからね」

と。うちにはうちの、子どもを大切にするやり方があるのだ、それが我が家の子どもを大切に思う気持ちの表れなのだ、と理解させましょう。

一方で、娘の意見を聞くことは大切です。守れるかどうか、小さな変更をすれば守れる

のか、なぜ守りたくないのか、娘に意見がある場合には、娘と話し合いをする時間をとってください。そして、娘がしっかりと理解し、「守れる」と納得したら、ルールとして徹底させます。

ルールを破ったら、最初に説明した理由を繰り返す

ただ、どんなに説明をし、理解し、ルール化を納得したとしても、子どもはルールを破ってきます。そのときは厳然と、

「ルールは破ってはいけない」

と伝えます。ここで折れてはいけません。この強さが親には必要です。

「あのとき、一緒に決めたんだからね」

と。子どもは、「なぜいけないのか」と聞いてきますが、そのときの答え方には一貫性が必要です。一番最初に伝えた理由をまた言うのです。今回はこの理由、次はこの理由というのでは、子どもは納得せず、ルールを守る気になれません。

また、娘に求めるルールに親はどう向き合うかという議論があります。親も子どもと一緒に、そのルールを守らなければいけないのか否か、という議論です。これは、ルールに

応じてということになりますよね。

「汚い言葉は使わない」など、一家のルールとできるものもあるでしょう。もちろん、「娘単独のルール」もあってよし。高価な物を買わない、スマホは通学日以外持ち歩かない、門限は8時、などという子どもに向けたルールを、そのまま大人に当てはめる必要はありません。親は家族のために長く使える高価な買い物をすることがありますし、災害時に家族に連絡するためにも、大人は常にスマホを携帯しているほうが安心できます。残業が多い方なら、門限8時は守れないでしょう。

「ママだって、やっているくせに」と娘は言ってくるかもしれません。しかし、こうした場合は理由を示して、大人のあるべき姿を理解してもらいます。

ルールは、一度決めたら変えないからルールなのです。静かに変更しない理由を伝えましょう。もし、ルールを見直すべきと思うほど生活状況が変わったときには、再度、前述のような手順できちんと守れるルールを作っていきます。

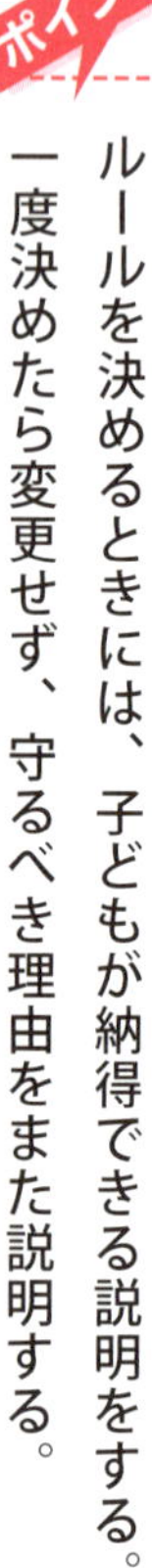

スマホやゲームは「禁止」ではなく「制限」今しかできない子どもとの会話を大切に

いい面もあることを認め、納得のいくルールを作ろう

スマホばかりいじっている娘の悩みは、いまやお母さんたちに共通です。特に、SNSでのやりとりの多さには閉口します。

今さらスマホを使うなというわけにもいかないほど、スマートフォンは普及しています。思春期の娘たちにとって、スマホは生活の一部ともなっているようです。

そして、スマートフォンには、麻薬中毒のような依存性があり、世界中の親がこの依存対策に頭を悩ませています。

予想を超える拡散だったからでしょうか、スマートフォンやソーシャルメディアの提供側も、社会的な意味での対策が必要だということで、いくつかの対応策を提供しています。たいていのスマホでは保護者がモニタリングし、スマホを使う時間を制限することができます。不適切なアプリや機能も制限できるので、いかがわしいサイトの閲覧や課金制度のあるゲームなどを阻止することができます。

新しいｉＰｈｏｎｅのＯＳには、電話の利用時間を分析する「スクリーンタイム」機能が設けられています。１日あたりの平均アクセス時間が表示され、子どもがどのようなアプリやウェブサイトを、どのように利用しているか、詳細なデータを見ることもできます。**ＳＮＳをやりすぎている、ゲームをしている時間が長いなど、実際にデータを見ながら子どもと会話し、どこをどう減らそうかと、考えていくことができます**。タイマーを設定することでアプリの使用を制限し、30分なり1時間なり一定の時間が経ったら、別のことをしなければならないことを思い出させてくれる機能もあります。

他会社のスマホでも、さまざまな依存症回避対策が施されています。

また、ＬＩＮＥなどのＳＮＳには、「通知をオフにする」などの機能もあります。通知をオフにしておけば、一方的に送られてくるメッセージに、振り回される回数は減ります。

これらの機能をうまく利用すれば、スマホを持っていても、利用に制限をかけることができます。スマホに制限をかける行為は、子どもを守ることとも言えるでしょう。スマホ機能は、日々バージョンアップされていますので、どんな対策ができるのか、購入したキャリアのショップで相談してみるといいかもしれません。

○分まで、○円までと具体的な数字で制限する

とはいえ、中毒性もあるスマホです。一度持ってしまえば、ずるずるとスマホ依存になりかねません。相当な強い意志をもって、自分を制していかなければ、上手な付き合い方をすることは難しいのが現実です。ここは、お母さんが心を鬼にして、スマホとどう付き合っていくか、娘と話さなければなりません。

SNSの場合は、「連絡をとる」手段として使うように話し合いましょう。**自分が発信するときに使い、友達とのおしゃべりのために利用することは、できる限りやめさせる必要があります**。そうはいっても、なかなか親の言うことなど伝わらないのが思春期です。また、友達とつながることを最も重要視している時期ですので、親が言うからという理由で、SNSをやめるのは、なかなか難しいことと思います。

例えば、依存症になると、どれだけ大きな弊害が起こるのか、実証されたデータを見せて、考えさせてみてはどうでしょう。あくまで、判断するのは娘ですが、怖い現実を知った上で判断させます。同時に、どうしたら、SNSのやりとりを、うまく切り抜けることができるのかについても、具体的に考えさせましょう。意外と娘自身も「時間の無駄だ」と思いつつも、なかなか抜けられず困っていることもあったりします。

ゲームについては、時間制限をすることはマストです。これは、はっきりと「1日○分」と数字で決めていきましょう。

「あまり使ってはいけないわよ」

「少しにしなさい」

などというあいまいな声かけではまったく意味がありません。

また、ルールと罰則は同時に決めるべきです。スマホのように依存性の高いものでは、ルールだけ作っても、すぐにそのルールは破られてしまいます。1日1時間と決め、3日間ルールを破ったら1週間お母さんが預かる、というような、明確な数字で対処します。

守れるルールと、守らなかったときの罰則を、親子で話し合って決めてください。

親も子どもといるときはスマホを封印して

しかし、スマートフォンにも良いところはたくさんあります。今は、学習ソフトもたくさん組み込まれ、受験勉強もスマホでできます。有料のものも多いですが安価なものもあり、家でも電車の中でも勉強ができるところも利点です。

ただ、学習ソフトの中にはゲーム性の高いものもあり、どこからがゲームでどこからが勉強なのかがわかりにくいものがあることも否めません。子どもが教材を選んできたら、親も一度目を通してから許可しましょう。

入試改革や学び方の変化に伴い、学習ソフトの市場は今後ますます広がっていきます。子どもが良質な教材アプリを選び、うまく使えるようになるよう、親も意見を挟みつつ、新しい学習環境を取り入れていけるといいですね。

そして、お母さん自身のスマホの使い方にも、目を向けてみてはどうでしょう。**忙しい子どもと、家で話せる時間は意外と少ないもの。そんな大切な時間を、スマホ利用で無駄にしていませんか？** 子どもはいつか、一人暮らしを始めて離れていきます。子どもといる今の時間を大事に思い、親子の会話の時間を確保することは大切なことだと思います。

スマホの存在は、もはや、人々の生活には必要不可欠といっても過言ではありません。けれど、親子のコミュニケーションの時間が、スマホに阻害されてしまっては大変です。スマホをうまく利用して、親子の時間をより豊かにするよう工夫してみてください。

ポイント

スマホは生活の必需品。でも依存性は高い。使う時間を制限し、親子のコミュニケーションの時間を大事にする。

「それで？」「へぇ、それはすごいね」相づちが親子の会話を続ける秘訣

食卓の時間を大切に。楽しい話で子どもの思いを知る

小学校高学年になると、子どもはお稽古事や受験勉強に忙しくなります。中学になれば本格的に部活動が始まり、練習や試合などで早朝や放課後、週末も忙しくなってきます。

一方、母親や父親も子どもが思春期の頃は、塾やお稽古事、受験費用のために仕事を始めたり、仕事量を増やしたりする方が多くなります。継続的にお仕事をされている方については、ちょうどこの年代は、役職的にも中堅や中間管理職として頼られることが多く、帰宅時間が遅くなりがちです。

子どもも親も忙しいのですから、話す時間があまりありません。子どもの様子を見ようにも、顔を合わせる時間がほんの少ししかなく、その上、子どもは思春期独特のそっけない態度のため、会話もろくにないような状態。こんな中で、子どもと十分に会話をしようと思っても、なかなか難しいかもしれません。

しかし、思春期の頃、何よりも大切なのが、子どもとの会話です。
忙しいからと放っておくと、子どもたちは「お母さんは忙しいから私の話を聞いてくれない」と黙ってしまいます。話さないことが習慣になってしまいます。そして、大事なことも親に伝えなくなると、思わぬ方向に足を踏み出してしまうことも……。どれだけ忙しい日々であっても、必ず子どもには、母親から声かけをしてあげてください。

特に、大事にしたいのは、食卓での会話です。せめてこの時間は、和やかに。子どもたちの考えていることを知る大切な時間、としてください。

小言があっても、とりあえず引っ込めましょう。
「今日、学校で何か面白いこと、あった？　文化祭の出し物は決まった？」などと質問をしたら、あとは子どもが話すことをひたすら聞き、相づちを打ち、「それで？」などと短い言葉で先を促し、「へぇ、それはすごかったね」などと楽しく聞くようにします。批判せず、楽しそうに聞いてあげれば、子どもたちも気持ちよく話すと思います。

ポイント

忙しくても、食事の時間だけはゆったり子どもの話を聞く。相づちを打ち、楽しそうに聞くとたくさん話す。

朝、何度起こしても起きないなら親は「明日から起こさない！」宣言を

社会で生きる者の当然のルール。心を鬼にしてわからせよう

朝、子どもが自分で起きてくれれば、もっと優しいお母さんになれるのに……。しかし、子どもはなかなか自分で起きません。我が家もそうでした。ギリギリまで待っていても、なかなか起きて来ないので、仕方なく起こす日々。朝から怒鳴ってしまいます。

私が主宰している『マザーカレッジ』の生徒さん方と、子どもを起こすことについてディスカッションをしたことがあります。ほぼ全員が「課題」と感じていました。そして、おおむね皆さん、こんなことをしていてはいけないというジレンマを感じながらも「起こし続けている」とのこと。**理由は、学校に遅刻させたくないから、学校に行かなくなってしまうと大変だから等、「子どもが困るから」でした。**

皆さん、一度や二度は、「放っておく」勇気はもったようですが、それでも起きない子どもに負けて、起こしているそうです。過去の私もそうでした。

しかし、そもそも子どもたちはなぜ、あんなに起きられないのでしょうか。

中学生の女の子の平均就寝時間は23時半近く、高校生は24時を回っています（『平成24年度児童生徒の健康状態サーベイランス事業報告書』日本学校保健会調査より）。けれど、起床時間は6時半前。女の子は髪を整えるなど時間がかかるので、男子よりも少し早く起きています。すると、睡眠時間は中学生で7時間、高校生では6時間半となります。これでは、眠いと感じるでしょう。

また、中高生でホルモンバランスが大きく変わることも、眠いことに影響していると言われます。中高生が眠いのには、理由があり、その理由を子どもが知ることも大切です。

もし、娘さんが朝起きなくて困っているなら、「明日から起こさないね」と伝え、子どもに負けずに実行してみてはどうでしょうか。できれば、中学に入学するとき、誕生日など、節目になるような日から始めるといいでしょう。「明日からは違う私になる」と、思えるように導けるといいですね。そして、起きることができたら、ほめてあげましょう。

ポイント

睡眠時間の少なさやホルモンバランスの変化が理由に。しっかり毎日起きられる身体に整えることも大切。

過度なダイエットが心配なら「食べなさい」ではなく、「かわいいよ」と言い続ける

容姿へのコンプレックスが強すぎるなら注意を

今は、幼稚園生でも「ダイエットしなきゃ」などと言う時代です。人からの見られ方を意識する思春期女子にとっては、日常的なことのようになってきています。

運動をしっかりして、食事のバランスを整えてダイエットしようというのなら、それもいいかもしれませんが、ダイエットの多くは、何かひとつのものだけを食べ続けるとか、極端に食事の量を減らすとか、朝食を抜くとか、過激であまり身体によくない方法でなされています。しかし、思春期とは、身体の基盤が作られる時期。特に女の子にとっては、大人の女性になるための、とても大切な時期なのです。身体にダメージを与えるようなダイエットは、避けなければいけません。ところが、

「たいして太ってないじゃない、食べても平気よ」

などと言っても、思春期の娘は聞く耳を持ちません。本人にとって「意味がない」こと

は、全て聞き流していってしまいます。また、この時期の娘はのめり込むと、自分を否定するものは、全て敵と見てしまいます。

「お母さんは私を太らせようとしている」

と、思ってしまうと、頑として食べなくなります。食事もお弁当も残すようになってしまいます。


食べ物ではないところからアプローチした声かけがいいかもしれません。**ダイエットをやめなさいという声かけではなく、ステキな自分になるためには、身体づくりが大切だよね、という声かけです。**思春期の娘には、行っていることの批判ではなく、新しい発想をもてるようなアプローチが機能します。

「元気な女の子はカッコいいよね」とか、

「きれいな筋肉をつけるためには、タンパク質が必要なんだね」

など。


実際に、ロールモデルとなるような、ステキな女性の健康的な食生活が示された記事があれば、具体的な内容とともに、理想的な食生活とはどんなものか、見せてあげるのもいいかもしれません。

成長期のダイエットで生理が止まることもある

過度なダイエットが、摂食障害につながってしまうこともあります。そして、そこには、誰かに容姿のことをからかわれてとてもショックだったり、何かとても不安なことがあったり、心の問題も潜んでいます。

他からの刺激には敏感で、「からかわれるから、やせなきゃ！」と思うのに、自分のストレスや体調の変化には鈍感なところがあり、それが拒食（時には過食）につながることもあります。そして、どんどん自分を追い込んでしまいます。

娘の身体の変化には、母親は敏感でなければなりません。少しでも異常性を感じた場合には、大事に至らないようにするために、すぐに、そして第三者機関を使ってでも、対策をとっていく必要があります。

また、思春期はまだホルモンバランスが整っていない時期でもあります。人間の身体は、激しいダイエットで飢餓状態になると、「生命に関係のないこと」から休止してしまうので、生理が止まることも多々あります。子宮にも、精神的にも影響を及ぼします。きちんと食べるようになれば、以前のように回復することがほとんどなので、とことんホルモンバランスを崩してしまうことがないよう、母親はしっかり娘を見ていてください。

小言を言うのではなく「かわいいよ」と言ってあげて

拒食症気味の子は、想像以上に多いです。ダイエットに一生懸命に取り組むうちに、食べられなくなってしまう子は、クラスに数人はいるようです。

もし、容姿のことを気にして食べないというのであれば、「ダイエットなんかしなくてもいいじゃない」「ちゃんと食べなさい」ではなくて、

「かわいいよ」


と言い続けるのがいいと思います。

「バカみたい」「客観的に見てかわいいわけじゃないでしょ」などと、子どもはキゲンを悪くするかもしれませんが、それでも、言い続けることだと思います。すぐに目に見える効果はなくとも、愛されているという安心感は、きっと娘の支えになるはずです。

子どもが何歳になっても、愛情表現をし続けることが、親のみに与えられた役割です。くれぐれも、もしも拒食の兆候を感じる場合には、必ず専門家に相談してください。

ポイント

ダイエットの理由を確かめ、観察し続けること。「食べなさい」ではなく「かわいい」と言い続けよう。

「いったい、部屋で何をしてるの！」叱るのではなく、その理由をわかってあげる

こもりたい気持ちを理解した上で、目を光らせる

小学校中学年くらいまでは、お子さんは学校から帰ったらリビングで過ごし、宿題もリビングでしていたのではないでしょうか。しかし、思春期になると、学校から帰るなり自分の部屋に入り、食事だと呼ぶまで部屋から出てこない子が多くなります。

食事とお風呂と出かける支度のときしか親と顔を合わせたがらない。親としては、寂しいし、「いったい部屋で何をしているんだろう」と、不安になってしまいます。それでつい、

「何してるのよ、早く出てきなさい！」

なんて言ってしまいます。そうすると、ますますこもるようになる……。

この時期の娘は、正常な発達として、親がうっとうしくなり、あまり顔を合わせたくなくなる時期なのです。顔を合わせれば小言を言われるのでは、なおのことですよね。

そもそも、顔を合わせれば角を出す母親では、子どもも部屋にこもるしかなくなってし

まいます。**子どもに対するイライラをちょっと引っ込めて、子どもに優しくしてみることが、案外子どもをリビングに引っ張り出すための近道かもしれません。**

前述したように、思春期は、成長して親から離れたい気持ちが強くなる一方で、不安感や甘えたい気持ちが強く残るのが特徴です。甘えたい気持ちをすくい取るような対応をすれば、キゲンのいいときには甘えてくると思います。

部屋から出てきたら和やかな空気をつくる

親の存在とは関係なく、部屋でやりたいことがある場合もあります。娘が何か熱中するようなことをしているのなら、その気持ちを尊重してあげてください。

ただ、どんなことをしているのかは、子どものプライバシーは守りつつも、認識しておいたほうがいいでしょう。ネット上で誰かと交際していたり、何かの団体から勧誘されていたりすることもあるかもしれません。事故や犯罪につながってしまわないよう、さりげなく様子を見ておきましょう。

しかし、思春期の子どもに

「いったい、部屋で何やってるの。なんか変なことしてるんじゃないでしょうね？」

なんて聞くと、ますます口を閉ざします。部屋から出てきたら、勘ぐらずに、

「ねえねえ、ちょっとわからないことがあるんだけど」

と、スマホの使い方や、学校の仕組みなど、子どものほうが親よりもよく知っているようなことを聞き、会話の糸口を見つけてください。あるいは、

「最近、こんな体験をしたんだけどね、どう思う？　意見を聞かせて」

など、とにかく子どもが話したくなるような工夫を。

一度会話がスタートすれば、子どもは素直にいろいろ話してくると思います。そして、

「ありがとう、助かったわ」

と言えば、子どもの心も和らぐでしょう。

思春期はクラスや部活での人間関係でも疲れる時期です。家に帰って、自室でほっとしたい気持ちもある頃です。お母さんも過去、そんな経験はなかったですか？

子どもの心境にも目を向けて、広い心で受け入れられるといいですね。

ポイント

思春期ならではの気持ちを理解し、柔軟に対応を。甘えたいときに、タイミングよく甘えさせることも重要。

子ども部屋は〝秘密基地〟ではない。「入らないで！」と言われても親は入っていい

勝手に引き出しを開けるのはNG、でも部屋に入るのは当然

思春期になると、娘は着替えのときなどに、「着替えるまで入って来ないで！」ということもあります。子どもの成長とともに、我が子の部屋にも入りにくくなるものです。

でも、ここでプライバシーを持ちだすのはおかしくありませんか？ 根掘り葉掘り聞いたり、引き出しのあちこちを開けたりするのは、それこそプライバシーの侵害ですが、子どもの部屋に親が入るのは当たり前。むしろ、継続していかなければなりません。親には子どもを守る義務があるからです。

「部屋に入らないで！」などと言われたら、

「何言ってるの、ここはパパとママの家よ、どの部屋もそうなのよ。あなたは家賃を払っていないでしょう？」

と言っていいのです。親の家に住んでいる以上、もっと言えば家族である以上、部屋に入ることはプライバシーの侵害ではないと、毅然とした態度を貫きましょう。

これは、大学生になって一人暮らしをしても同じです。家賃も学費も全部自分で払っているなら別ですが、親がかりなら、親が部屋の合鍵を持ち、必要なときには鍵を開けて入っていいのです。もちろん、一人暮らしの場合には、子どもには断りを入れてからですが。

親が子どもの部屋に入ることを当たり前にするためには、根掘り葉掘り聞かない、部屋のあちこちを探るようなことはしない。日記帳を勝手に見ない。このルールは守らなければなりません。人としてのマナーです。

「あなたのことは信じているよ。でも部屋には入るよ。ここは秘密基地ではないからね」

と、伝えてください。

鍵をかけると、子どもが急病になったときに助けられない

マンションなどでは、子どもの寝室に鍵がついている場合があるかもしれませんが、子ども部屋に鍵をつけるのはやめましょう。

鍵を内側からかけて親をシャットアウトしよう、というような尊大な気持ちにさせては

いけません。

それに、内側から鍵がかかり、外から開かないような部屋では、中で子どもが具合が悪くなったときに、助ける手立てがなくなってしまいます。危険性があることも話し、鍵をかけてはいけないことを理解させましょう。

高校生ぐらいになると、親が部屋に入ってくるのは面倒だな、それなら一人暮らしがしたいな、と思うかもしれません。それこそが、成長です。**今は家の居心地が良すぎて、いつまでも自立しない子が多いようですが、本来、「親が面倒だ」と思って子どもは自立するのです**。そういう意味でも、子どもに対して理解がありすぎないほうが、いいのかもしれません。ウチの親は面倒だけれども、自分のことを尊重し、守ってくれている、こんな関係になれるといいですね。

どんなときでも子どもを守りつつ、自立に向かわせる。母親であることに誇りを持ち、成長する子どもを見守りましょう。

ポイント

すぐ部屋に入ってきてうっとうしいと思われてもよい。毅然とした態度で子どもを守る意識を持つのが親。

門限は「我が家のルール」。反発するなら、帰らなければいけない理由を明確に

遅くなるときはお金の使い方にも目を配る

女の子が遅い時間に帰ってくるのは、とても心配です。やきもきして待っている親の気持ちをくめないのでは、家族の一員としても問題ですし、親が「これぐらいの時間に帰ってくるべき」と思う時間を門限にするのは、当然のことと思います。

ただ、門限を作るなら、その理由は明確にします。

「門限があるのは昔から決まっているのよ。9時に帰って来なきゃダメ」では伝わりません。なぜ9時なのか、そこに親なりの理由がなくてはいけません。子どもがそれに納得できなければ、ルールをくぐり抜けることばかり考えてしまうからです。

「9時になると、商店街の灯りも消えて、一気に暗くなる。このあたりではイヤな事件も起きている。そんなことに巻き込まれないようにするために門限は9時なの。あなた自身の自己防衛でもあるのよ」

など。子どもを守ってあげられるのは親だけだ、ということも理解させましょう。

帰りが遅いとなると、お金の使い方なども気になります。繁華街で派手に遊んでいないか、さりげない会話の中で察知しておきたいですね。

特に、アルバイトをして自由に使えるお金がたくさんある場合には、注意が必要です。夜遅くまで遊んで、分不相応なお金を使うようなことは、犯罪に巻き込まれることにもなりかねません。**誰とどこに行っているのか、どんな遊びをしているのかは、親として把握しておく必要があります**。

子どもは「うるさい親だ」と思うかもしれません。しかし、大人になったときに、「うちの親は門限がうるさかった」という過去の事実は、うれしい記憶にすり替わっていることもよくあります。時間の経過とともに、「厳しかった門限」は、「親が自分を大切にしてくれていた」という捉え方に変わっていくのかもしれません。

迷いもあるかもしれませんが、それを信じて、言い続けましょう。

ポイント

深夜は犯罪に巻き込まれることもあり、身の危険も。

女の子には早めに帰る理由がある。

「お小遣いはただ与えるだけ」ではダメ。お金を通して自己管理を学ばせよう

「打ち出の小づち」は誰も持っていないと自覚させる

お小遣いの額は家庭によって、かなり違うものだと思います。特に高校生ぐらいになると、塾に行く前の食事代が含まれていたり、アルバイトをしている子がいたりと、状況にかなりの違いがあるので、一概にいくらがよい、とは言えません。

「子どもの生活と学びに関する親子調査2017」（東京大学社会科学研究所・ベネッセ教育総合研究所共同研究）のデータには、子どものお小遣いに関する調査結果が掲載されています。金額に迷いがあるなら、参考にしてもよいでしょう。

お小遣いを「金額を決めて渡している」保護者は、小学1年〜3年生で1割台、高校生で6割弱。また、「金額を決めていないが渡している」保護者も比較的多く、中高生で約2割です。お小遣いの月額を見ると、小学1年〜3年生は500円未満、小学4年〜6年生は500〜1000円未満、中学生は1000〜2000円未満の比率が高く、高校生では、金額のばらつきが見られます。

お小遣いを渡す目的は、「好きなものを買う」以外に、「お金の自己管理をさせる」にもあります。日本では、「お金のことを語るのは恥ずかしい」という文化がいまだに残っていますし、日常子どもにお金の話をすることはあまりないかもしれませんが、子どもたちが小学生時代を過ごしたアメリカでは、子どもに金銭教育をするのは当たり前のことでした。

例えば、小学校の授業では、株を扱う授業がありました。経済に目を向けるとてもいい経験になったと思っています。

また、我が家では、他のアメリカの家庭と同様に、家の手伝いをしたらわずかな報酬を与えていました。お茶碗を洗ったら25セントぐらい。子どもたちは、そのお金をためて、ノートを買うなどしていました。自分の努力が喜びに変わるよい経験でした。

日本でも最近は、職業体験ができるテーマパークなどで、仕事をしたら子ども通貨で報酬が支払われ、お金のことを学ぶ経験ができるところも出てきましたね。

お小遣いを通して、子どもたちはお金の自己管理の仕方を学んでいくのだと思います。**「働くことは素晴らしいこと」「親はそうやって自分たちを養っているんだ」という学びにつながっていくのだと感じます。**

「お金は便利だけれど使い方を間違うと怖い」と知らせる

お金のことが話題に上らない家庭では、子どもにとって親はまるで銀行のＡＴＭのような存在になってしまいます。「ちょうだい」と言えば出てくるのでは、金銭教育になりません。

お金の話に関しては、祖父母からの影響も大きいですね。祖父母がお年玉や、お盆の里帰りのときの「お盆玉」を、万単位で子どもに与えてしまうこともあります。あまりに多いので、親のほうが子どもにお金を借りてしまったり。これでは、**「労働の対価として報酬をもらう」**ことの喜びが、わかりにくくなってしまいます。

まずは、お金の価値を知ること。そして、「お金は便利だけれど、使い方を間違うと怖い」こともわからせます。

その価値をわかった上で、どう使い、どうためていくのか。お金の話もしっかりと親子でできるといいですね。

ポイント

親は子どものＡＴＭになってはいけない。
労働の対価としてお金を得るのだという経済の論理も教えたい。

塾や部活で忙しくても、家の手伝いをさせる。「助かったわ、ありがとう」の一言を添えて

家族の一員なら当然のこと。男女関係なく家事能力は大事

きょうだいの面倒を見る、おつかいに行ってもらうなど、かつては子どものお手伝いは、家族にとって重要な力でした。教育的な効果を期待した上でのお手伝いではなく、実際に手を貸してもらいたいという、即戦力としてのお手伝いです。

けれど、いつの間にか、大人には子どものお手伝いは必要なくなってしまいました。そして、子どもたちは家の手伝いをしなくなってしまいました。

子どもたちが忙しいことも、お手伝いから遠ざかってしまう理由です。特に、中学受験をする小学生は塾通いに忙しく、中学以降になると、部活と塾が重なって時間がなく、そのうち大学受験の時期になってしまいます。

もしかしたら、「受験戦争」と言われる時代から、「子どもの仕事は家の手伝いではなく、しっかり勉強していい学校に入ること」と、意識が変わってしまったのかもしれません。

子どもは勉強だけして、母親が塾のお弁当を作って車で送り迎えするのが当たり前へと。

でも本来は、家族の一員として、子どもが家のお手伝いをするのは当然なのではないでしょうか。現代社会、子どもが忙しいのは否めませんが、どんなに忙しい子どもであっても、ちょっとした時間は、必ずあるはずです。お手伝いをするかしないかは、忙しさの問題というより、気持ちの問題だと思うのです。

新聞を取りに行く、テーブルから家族の分のお皿を下げる、汚れたものを捨てる、洗濯物をたたむくらいのことには、大した時間がかかりません。**子どもに上げ膳据え膳をする必要などありませんし、王様のようにしてしまっては、後から大きな弊害が返ってきます。**

子どもが手伝いをしなくなった理由として、便利な家電製品ができてきたこともあるでしょう。家事に人手がいらないため、わざわざ子どもの勉強を妨げて手伝いをさせるほどでもない、と思ってしまうのです。

しかし、ちょっと考えてみてください。昨今では、むしろ抱える困難感は、精神的なことばかり。大人も子どもも、人間関係などでクタクタになっています。家事をしているほうが本当はラク、ということはないでしょうか。家事が気分転換、というように。

子どもにとっても、同じかもしれません。勉強、勉強と責められ、結果を求められる毎日の中では、お皿を洗ったり、料理の手伝いをすることは、かえってストレス発散になるのではないでしょうか。

親子一緒に料理をするのは、楽しいもの。子どももそう感じると思います。手伝ってもらい、「助かったわ、ありがとう」と声をかけられることからは、「人の役に立った」という満足感が得られます。**お手伝いからは、子どもの想像力も育まれます。**

頭痛がひどいときなどは、無理して自分だけでなんとかしようとせず、「ごめん、ご飯の支度をしておいて」「掃除をしておいて」と子どもに委ねてみましょう。子どもは、任せられることで、大きく成長します。そして、多少下手であっても、やってくれたことに対しては、「ありがとう、助かった」という言葉を、必ず返します。

思春期以降になったら、面倒を見る、見られるという関係ではなく、ともに生活をしていくメンバーとして、頼ったり頼られたりするのがよい関係なのだと思います。そんな関係性があれば、子どもたちは自立に向かって、一歩一歩進んでいくはずです。

ポイント

勉強ばかりより、かえって家事を手伝うほうがラクな面も。家族を支えるメンバーとして子どもを頼りにしてもいい。

料理を任せたら「なにこれ？」ではなく「すごいね」「おいしいよ」とほめてあげる

とんでもない料理が出来上がっても、母親は面白がること

「家事」とは、家族の生活を守るためにやらなければならないことですが、生きる力や発想力を高めるきっかけともなる、非常に奥深いいとなみです。

特に、料理はこうした点でおすすめです。手先の器用さが養われ、またそろえた材料で何をどう作るかを考えることで、創造力や推理力も磨かれます。

母親の仕事の一部分を代わりにやってもらう「お手伝い」ではなく、「全部任せる」という発想で、月に一度でもいいので、メニューを考えるところから、買い物、調理、片付けまで、一貫した流れを全て任せてみてはどうでしょうか。

全てを任せられると、子どもはがぜん、頑張りだします。思わぬ料理が出来上がり、娘の新たな面を発見するなど、意外な楽しさが広がります。

我が家の場合、長女はよく独創的なオリジナル料理を作っていました。発想が面白すぎ

て、ヘンテコな料理も出来上がるのですが、

「なにこれ？」

ではなくて、

「面白い！　お母さんには思いつかない調理法だよ」

と伝えることで、さらに料理の腕を上げていたことを思い出します。

掃除や洗濯は、やってもらったあと「ありがとう」だけですが、料理は一緒に食べて、話もはずむので、特に思春期であまり話さなくなった子どもたちとのコミュニケーションをとるには最高です。

バレンタインデーは子どもがキッチンに立つきっかけに

バレンタインデーのチョコレート作りなども、娘たちはお友達を呼んで、それぞれに楽しんでいました。毎年の恒例行事です。ある程度の年齢になれば、火を使う調理もできるので、かなり本格的になります。私は自分の部屋にこもり、手伝いませんでした。

親が手伝わないと、子どもたちは伸び伸びと調理に挑みます。その姿を見ることも楽しいですし、あとで作ったものを味見し、どうやって作ったのかを聞くのも、母親と娘との

関係だからこその楽しみです。

バレンタインデーなどのイベントは、今までキッチンに立たなかった子が立つきっかけになります。華やかに飾って、お友達とプレゼントし合うのも楽しいようで、この季節はウキウキと過ごせます。

また同じお菓子でも、凝り性の長女は中学時代の一時期、和菓子作りにハマり、さまざまなことを調べて作っていました。最後のほうでは見事な練り切りのようなものを作っていて、この子にはこんな才能があるのか、と驚いたものです。

子どもが没頭していることに、母親が共感して、

「楽しそうだね」
「すごいね、あなたらしいよ、おいしいよ」

と言い合える関係ができることが、思春期には特に大切です。顔さえ見れば小言を言う関係ばかりでない、新たな関係を、料理からつくるのもよいものです。

ポイント

料理は学習や成長の材料としても役に立つ。親は口を出さずに、子どもの独創性を楽しもう。

「お父さんの顔も見たくない」とならないように父親には娘との今の時間を大切にしてもらう

父親の存在が薄くならないようにすることが何より肝心

子どもが思春期の頃のお父さんは、仕事が忙しくて帰宅が遅い方が多いと思います。働き方改革などと言っても、仕事上のお付き合いのお酒やゴルフなどで、お父さんは家にいる時間が少ないのではないでしょうか。

でも、今の子どものこの時期を大切にしてほしい、ということも父親に伝えるべきだと思います。**この時期を逃したら、娘はどんどん大人になり、子どもとして接することができなくなるからです**。接さないことが、当たり前になってしまうからです。

思春期のいっとき、娘は父親の顔も見たくない、という時期が訪れます。男性である父親を生理的に受け入れられなかったり、反発したり無視したりします。そういう態度に出られると、娘との付き合い方がわからず、戸惑ってしまう父親……。

でも、父親との関係は、娘の将来の家族像、異性像の基盤になります。父親の影が薄いとそれが子どもにとって当たり前になり、男性との恋愛や家庭を持ってからの関係に影響を与えます。

まずは、父親に、娘と接する時間を確保してほしいと伝えましょう。母親から「もっと娘をかまって」と頼まれれば、「仕方ないな?」と言いつつ、喜んで娘と接してくれるはずです。照れ屋の父親にはそんな理由が必要だったりします。そして、**母親は、娘の前で、父親を批判したり、責めたりしないことです**。理由は、そうしてしまうと、父親の存在意味が揺らいでしまうからです。

本来、父親は娘がかわいくて仕方がないものです。ただ、大きくなると、どう扱っていいのかわからなくなってしまうのです。娘のことをよくわかっているお母さんが、娘との会話の糸口の見つけ方を伝えてあげてはどうでしょう。「あのアイドルのことを聞くと、あの子は喜んで話すよ」など。

父親と娘が仲良くしている姿はほほえましいもの。母親は、たどたどしい父親でも、見守ってあげればよいのです。

■父母の個性に注目し、我が家らしい役割を考える

一方で、昨今は子育てにとても熱心な父親もいます。そういう方なら、むしろ子育てを十分に担ってもらえばよいでしょう。役割を任せてしまい、母親は父親のやることには、なるべく文句を言わないように心がけます。

「父親には父親の、母親には母親の役割がある」とよく言いますが、それは男女の違いというのではなくて、個性の違いです。男性は仕事、女性は家事、というような古臭い役割分担ではなく、世間の価値観に縛られない、我が家の役割分担を考えていきましょう。**夫婦間の風通しがいい家だと、子どもも安心して家でリラックスできるようになります**。

また、昨今は一人親のご家庭も多くあります。母親がお父さんの役目も担う場合もあるでしょう。そんなときは、

「父親の分まで2倍厳しくしなければ」

などと思わず、ごく自然に接していけばよいと思います。社会の変化とともに、家族の在り方も変化しています。大切なのは、親が自分らしく生きているということです。

ポイント

思春期の娘にひるむ父親でも、娘との時間を持ってもらう。それぞれの家ならではの「父の役割」「母の役割」を作る。

3章

母親の言い方で変わる！娘の心に響く「叱り方」「ほめ方」

「ほめる」より「叱る」ほうがずっと難しい。娘に負けないパワーで気持ちを伝えていこう

思春期には、叱らなければわからないことがたくさんある

最近、「子どもをほめて伸ばそう」が、まるで子育てのキャッチフレーズのようになっています。しかし、「ほめ育て」には危険な部分があります。

先日、学校の先生方に講演する機会があり、ほめることと叱ることについてのお考えを聞いてみました。皆さん、口をそろえて、「ほめるより叱るほうが難しい」とおっしゃっていました。

ほめるとは、簡単に言えば、その子のいいところを見つけて伝えること。ほめられて反発する子はそうそういませんから、ほめたらそれで話は終わります。けれど、叱るとなると、思春期女子からは猛反発があり、またそれに対応せねばなりません。

叱るにはエネルギーが必要です。先生の一人は、「僕はダメですね、叱らずほめてばかりで、ラクをしていますʼ」という言い方をしていました。

これは、母親と娘の関係でも同じです。叱って納得させようとすると、娘とバトルを繰り返さなければなりません。疲弊します。無視されることもあります。投げたボールが返って来ないのも辛いです。叱るとその後、自分が嫌な気分になります。だから面倒くさくて、放っておく、ほめて娘のキゲンをとっておく、こんなふうに流れがちです。

けれど、厳しさを知った上で好きなことを伸ばしていくのと、最初から好きなことだけしていればいい、というのとでは大ちがい。厳しさを知らないのは、かえって不幸です。

娘を健全に成長させるためには、この思春期の時期にこそ、言わなくてはいけないことがいくつもあります。キレるのがわかっていて叱るのには勇気もいりますが、親が叱ってあげなければ、他に誰が叱ってあげられるのでしょうか。

ただ、「叱り方」には意識を向ける必要があります。**叱る理由は伝えて、わからせることと。叱り方次第で、娘の心に届くこともあれば、届かないこともあります**。この章では、「叱り方」や「ほめ方」について、考えていきたいと思います。

ポイント

叱り方のマインドや言葉の選び方次第で伝わり方が変わる。娘の健全な成長を願い、母親は叱る勇気を持とう。

娘がキレて怒鳴っているときは、黙って聞く。同じ土俵に立たずに「引く」ことが重要

母親が強大な力で押さえ込めばその分、娘のパワーも強大に

母親も聖人君子ではありませんから、子どもを叱るときには、つい感情的になり、強い言葉で怒鳴ってしまいます。

「そんなのは絶対にダメ！」

「すぐにやめなさい！」

しかし、そんな言い方をして、素直に従う思春期の娘はめったにいないでしょう。母親の言葉以上に強い言葉をぶつけ、最後はドアをバン！　自室にこもってしまいます……。

強大な力で押さえ込もうとすれば、お返しは倍返しで戻ってきます。思春期とは、ホルモンの影響で心と身体のバランスが崩れ、マグマのようないら立ちを抱えている時期。何かのきっかけを見つけては、そのいら立ちを発散させてきます。**若くて体力がある分、その体力の限り反発してきます。その若いパワーには、正攻法ではとうてい母親は勝てません。**

かつて、思春期の子どもについて、脳科学のアプローチから書かれた本を読んだことがあります。

「キレる」というのは、言葉をもって表現しないで、身体で表現していることを言うのではないかと。「言葉で順を追って説明するのではなくて、突然怒るときは、脳の一部しか使っていないので、感情をどう表出していいのかわからなくて、キレる行為になっている」というようなことが書いてありました。

キレるとは、身体で怒鳴っているという行為と思えば、少し納得できます。

娘はキレながら不安になり、苦しんでいる

では、なぜキレるのか。

それは自分の心の中がモヤモヤしている、しかし、自分でそのモヤモヤの原因がわかっていないからではないでしょうか。**モヤモヤする心を表現する言葉が見つからないから怒鳴る、その怒鳴った自分にまたモヤモヤして劣等感を感じる……**。

また、キレてお母さんを黙らせたあと、娘は勝ち誇った気分になっているわけではありません。キレて楽しんでいるわけでもありません。娘自身も、キレながら不安になった

り、苦しんだりしています。

こんなときには、親も言葉や身体ですぐに対応するのは、体力と精神力の無駄遣いです。強大な力で押さえ込もうとせず、少し間を置いて、娘をクールダウンさせる工夫をしたらどうでしょう。怒鳴り返したくなる気持ちをなんとか抑えられれば、それが一番いい結果になる。**まず少し黙っていよう、と自分に言い聞かせましょう。そして、娘が少し落ち着いてきたら、話を聞いてあげましょう。**叱るときには、「引く」ことも重要です。

とにかくじっと黙って寄り添い、落ち着くまで待つ

激昂している人を落ち着かせる一番の方法は、何も言わずにハグすること、といいます。言葉で伝えても聞く耳を持たないときには、非言語的なコミュニケーションは有効です。ハグできる状況にないときには、とにかく相手の話を聞きましょう。

ベテランの学校の先生に、モンスターのような保護者にどう対応するかを聞いたことがあります。その先生は、突然電話で怒鳴ってくる保護者に対して、ただ、話を聞くとおっしゃっていました。今までのご経験で、最高2時間、何も反論せずに話を聞いたこともあるそうです。

そして、機関銃のように怒鳴りモードで話している保護者も、たいてい30分、40分あたりで疲れてくるのか、ふっと深呼吸するタイミングがあるとのこと。その深呼吸する間合いを見て、先生は静かに言葉を挟むとおっしゃっていました。ありったけ相手に話させてから、こちら側の意見を伝えるということです。

一度キレてしまうと、女の子でもそばにある椅子や家電製品などを思い切り蹴り飛ばして壊してしまうようなこともあるでしょう。家の壁に穴があいた、という話も聞きます。**でも、さんざん暴れ、キレて泣きじゃくると、どこかでエネルギーがなくなって、落ち着くことがあります**。落ち着いたな、と思ったら、少しずつ話していきます。

子どもと同じ土俵に上がったら、保護者の役目は果たせません。エネルギーの無駄遣いを防ごう、と自分に言い聞かせ、子どもから一歩引いてみましょう。泣きじゃくりながら怒鳴っている子どもの顔を観察したら、モヤモヤして苦しんでいるのだな、不安なんだな、ということも見て取れると思います。

ポイント

キレた娘に怒鳴り返すのはエネルギーの無駄と考えよう。激昂がおさまるまで、黙って寄り添ってからひと言ずつ話す。

「飽きっぽくて続かない」こともある。叱らずに、子どもの頭の中を整理してあげよう

意外に子どものほうも、飽きっぽい自分に不安がある

何かをやってみてはすぐにやめてしまう子どもを見ていると、がっかりしますよね。お稽古事などでも、せっかく用具をそろえて始めたのに、すぐに飽きて、熱が入らなくなる。子どもが何かを始めるとなると、親も期待してしまうので、よけいがっかりしてしまいます。

でも、子ども時代は、いろんなことに興味を持ち、自分の好きなことを探す時期でもあります。飽きっぽいとも言えますが、捉え方を変えれば、それは試行錯誤を繰り返す力でもあります。**長続きしない子、と否定せず、好奇心旺盛な子、という見方をすれば、安心して次への舵取りができるのではないでしょうか**。お稽古事などは、そもそも好きでやっているものなので、いろんなものにチャレンジしてもいいと思います。

ただ、実は子どものほうも、「長続きしない自分」を良くないと思い、落ち込んでいることもあります。そんなときは、一度頭の中を整理してあげるとよいでしょう。

思考の整理には、付箋を使ったグルーピングが役立ちます。思い浮かぶものを全て書き出し、次にそれらをグルーピングしていくという手法です。

例えば、今までに行ってきたことで続いていることを全て付箋に書き出し、その付箋をホワイトボードや模造紙に貼っていきます。次にその付箋をグルーピングして、グループ化されたものに名前をつけていきます。例えば、「家から近かった」とか「先生が面白かった」など。継続させるために自分には何が必要なのかが見えてきます。同様のことを、続かなかったことにもやってみてください。なぜ継続できなかったかの理由が見えてくるでしょう。似たようなものを整理して一つにまとめていく手法を使えば、子どものやりたいこと、続くことはどんなことなのか、その傾向が可視化されます。

もしかしたらまた飽きてしまうかもしれませんが、飽きてしまった理由がわかっていれば、前向きにやめるか、頑張って継続するか、子どもは自分なりに決めていくことができるでしょう。

ポイント

付箋を使って、やりたいこと、続くことを見つけていく。「こんなことが好きなんだ！」が見つかると、子どもの顔が輝く。

子どもの趣味や好みを頭から否定しない。「そんな考え方もあるのね」と肯定する

本人がちょっと恥ずかしげに告白をしたら、話を聞いてあげる

女の子に好きな芸能人を聞いてみると、とても興味深いもの。娘の知らなかった一面を知ることになります。親の好みは脇に置いて、「へーえ！」と興味深く話を聞きましょう。

実は、こうしたやりとりで、次女がジャニーズ好きだということを知りました。最初のうちは、CDを買ったり雑誌を見たりしている程度だったのですが、そのうちコンサートに行くようになり、ファンクラブに入るようになり……。だんだん部屋がジャニーズグッズで埋め尽くされていきます。テストが近づいていることなんて、お構いなしです。

「なぜ、そんなことをしているの？」「真面目に勉強してるの？」などと言いたくなるのですが、「コンサートに行く前に、友達と応援グッズを作っているその時間が楽しい」「グッズを買うのもすごく楽しい」と、うれしそうに話しているのを聞くと、これも一つの大事な趣味なんだな、と思えてきます。

あまりにものめり込んでいる様子を聞くと、びっくりして叱りたくもなりますが、ここはあえて「へーえ、面白いね」と伝え、ちょっと理解できない考え方と思うときでも、
「そういう考え方もあるんだね」
と、まずは認めましょう。思春期の娘への伝え方には工夫がいります。まずは、肯定。言いたいことは、そのあとに付け加えます。Ｙｅｓと受け入れ、ｂｕｔでつなぎます。
「コンサートは、終わると遅くなるから、帰り道に気をつけて。駅まで迎えに行くから、必ず連絡してね」

心配かもしれませんが、よほど危険でないなら、今、子どもが楽しんでいることを取り上げないことです。

好きなことが転じて、もしかしたら将来の何かにつながるかもしれません。親も変容していくことが大切です。親としての芯や、「ここだけは譲らない」部分は必要ですが、柔軟性をもつことも必要。バランス感覚を備えて子どもに接したいですね。

ポイント

「Ｙｅｓ、ｂｕｔ」の文脈で、最初は認め、注意はあとで。そのほうが子どもにきちんと注意が伝わり、結局安心できる。

叱るときは毎回、同じ叱り方をする。「話がブレたり」「ダラダラ長い」と効果なし

「身体に関わる危険」「法や校則に触れる」など叱る理由も明確に

子どもの主体性を育むためには、子どもの主張を認めてあげる。これが子育ての前提ですが、日常生活では、叱らなければいけないこともたくさんあります。

そのときに、気をつけたいのは、「いつも同じ叱り方をする」ということです。

「学校帰りに飲食店に寄るのは学校で禁止されているのだから、絶対にダメ！」

と言ってみたり、

「塾の前に、どうしてもお腹がすいたときはしょうがない」

などと言ったりしてブレるのは、よくありません。

母親の叱り方がブレていると、子どもは、「この間はいいって言ったのに、なぜ、今回はダメなの!?」となり、反発します。それだけでなく、どう行動したらいいのか混乱し、結果的にまた叱られることになり、子どもにとってもかわいそうなことになります。

そもそも、なぜ叱るのか、どんなときに叱るのか。あらかじめ考えて、叱る基準を作っておくことが必要です。また、**その基準は、「お母さんの好み」ではなく、「外部基準で測れるもの」であるといいでしょう**。例えば、

「身体に関わる危険があるとき」や、「法に触れること」など。

そして、伝える際には、

「夜暗くなってからの帰宅は、痴漢に遭うなどの被害が多いよ。家の近辺でも○月ごろにそのような事件があったよ」、と状況をイメージさせつつ、

「帰宅が7時以降になったら、お母さんが駅まで迎えに行くけれど、8時以降はお母さんも明日の支度があるから行けない。だから8時までに帰るようにしてね」

というように、具体的な数字をもって話せば、納得できるのではないでしょうか。

校則の違反事項については、停学や、時には退学を覚悟しなければならないことを、その学校の生徒である以上、校則を守らなければいけないという理由をもって伝えましょう。お母さんの決めたことではないことも伝えましょう。

タバコや飲酒、青少年の夜遅い街歩き、万引きなどは、法で禁じられているので、違反が見つかれば検挙されます。人生を大きく変えざるを得なくなることも静かに伝えます。

あくまで冷静に、脅さないように伝えましょう。

「伝えたいことは二つ」などと、最初に言い置く

子どもを叱っていると、そういえばあんなこともあった、こんなこともあったと、つい、話がダラダラと長くなってしまいます。簡潔に、いつも同じ言葉で叱りましょう。

「お母さんが言いたいことは二つあるよ」

と、最初から言う内容をまとめて、

「一つめは○○、二つめは○○」

というように、わかりやすく伝えるのがよいでしょう。

本気で叱ろうと思ったときには、母親は感情を爆発させないことです。一回、深呼吸をするのはおすすめです。なぜ叱るのか、どう叱るかを、頭の中でまとめてから叱るのがベストです。

本気で理解してもらいたいときは、感情をむき出しにしない。ひと呼吸ついて、まとめておいた話を冷静に伝える。

「世間様に恥ずかしいわ」ではダメ。「私は、違うと思うよ」とアイ・メッセージで伝える

自分の気持ちを言う「アイ・メッセージ」で語ることが基本

「そんなことをしたら、どう思われるか」

「世間様に恥ずかしいわよ」

などと言って怒るのは、娘の心に響きません。

「恥ずかしいと感じるのは、お母さんだけよ。私は気にしない」と返されてしまいます。

お母さんが、大切なあなたをどう感じるか、という文脈で叱るのがオススメです。

これを、「アイ・メッセージ」と言います。


「お母さんは、そんなことをするのはよくないと思うよ」


同じことを言うのでも、母から子どもへの命令ではないですし、強制でもありません。

だからしっかりと子どもの心に届くと思います。

特に思春期の子どもは、親が世間体を気にしている姿を嫌います。「世間体を気にする親は、自分のことを恥ずかしい存在と思っている」と、親の一言の解釈が飛躍します。さらには、「お母さんは自分が恥ずかしいからって、私を変えようとしている」となってしまいます。当然、「そんなことなら、私絶対に変わらないから！」と抵抗力を生み出してしまいます。誤解のスパイラルが、誰も望まない結果を生み出してしまうのです。

一方、「アイ・メッセージ」で親の気持ちを伝えることには、子どもが自分で判断できる余地が残されています。親から信頼されていると感じるのではないでしょうか。**人は、誰かに変えさせられるより、自分から変わりたいのです**。子どもの成長する力を信じて関わっていきましょう。

きょうだいや友達を叱るときの引き合いに出さない

もう一つ気をつけたいのは、叱るときに、きょうだいや友達を評価基準にして、どちらかを持ち上げる、どちらかを下げること。これはやってはいけません。

「お姉ちゃんはちゃんと門限を守るのに、なぜあなたは守れないの⁉」

「クラスの○○ちゃんはあんなに勉強しているのに、あなたはぜんぜんよね」

身近な人を引き合いに出して優劣をつけると、関係がぎくしゃくします。姉は肉が好きで妹は魚が好き、というような、優劣ではない「違い」を伝えるならいいのですが、**「比較」は親の想像以上に、子どもの心を傷つけてしまいます。**

ただ、親は「違い」を伝えているだけなのに、本人が「比べられた」と感じてしまうこともあります。特に思春期の娘の心はデリケートで、よくない方向に解釈しがちです。

また、勉強の出来具合については、成績という数字に表れてしまうので、「成績がいい」と「成績が悪い」という優劣として明らかとなってしまいます。数字に表れているものを、「違い」にするのは、なかなか難しいものです。

こんな時には、数字は数字でおいておき、子どもの個性を言語化するのがオススメです。我が家の場合も、点数に表れる成績は姉妹で異なりましたが、あえてそこには触れず、できる限り二人の個性に言葉を添えるよう、意識をしていました。

お姉ちゃんは決めたことをやり遂げるね、妹は人の気持ちをすくい取ることができるねと、伝えます。プラス思考で子どもたちを見ていれば、ステキな個性が見つかるはずです。

ポイント

人の目ではなく、母親の目線で子どもに話す。
優劣ではなく、違いとして表現する。

「パパも叱ってよ！」ではなく、叱り役は母親なんだと腹をくくろう

父親は娘に対して「あまったるい」存在でいい

子どもとぶつかり合って険悪になったとき、母親は父親に「あなたからも叱って」と応援を求めてしまいがちです。でも、両親からガンガン怒られる子どもの気持ちになってみてください。家にいるのが嫌になってしまいます。

母親は、子どもの幸せを願い、しっかりと守るために、厳しいことを言う。一方、父親は叱られてシュンとしている娘を、何も言わず、温かく受け入れる。そんなふうに、違う接し方をしたほうが、子どもは元気に育つように思います。

そもそも、父親とは娘に甘いもの。腹の底から叱ってほしいと思っても、なかなかやってくれません。知り合いの男性方でも、もれなく皆さん、娘さんの話をする時には、目尻が下がっていらっしゃいます。いつもは厳しい口調の方が、「最近、若い女の子の間で、ダボダボのメンズウェアを着るのが流行っているらしくて、娘は僕のおさがりを着てるんだよ」と、とてもうれしそうにおっしゃっていました。そのことの事実より、見たこともない、優しい表情に驚きました。

「甘すぎる！」

父親は、娘に自分のほうを向いてほしくてたまらないのです。母親から見れば、

「なぜ、悪いことを悪いって言えないの⁉」

となりますが、まあよし、としてはいかがでしょうか。お父さんが娘と接しているときは、黙って見守ってあげましょう。

母親ばかりが怒っていて、父親が「お母さんは怖いねえ」などと娘に言っているのを見るとムカッときますし、割に合わない叱り役ばかりだと、嫌になるかもしれません。

しかし、娘は案外、甘すぎる父親のことはうまく使い、真剣に叱る母親をありがたいと思っているものです。そして、逃げ場となる居場所があることは、娘にとって重要です。

娘のことを真剣に思い、叱り役を引き受けてください。

ポイント

父親は娘に好かれたい生き物。
叱り役は母親、と腹をくくって家族みんなの幸せを願う。

人格をけなさないのが叱り上手。最高のほめ言葉は「あなたらしいね」

成果をほめるのではなく、やった「あなた」をほめる

子どもを叱るときに、

「まったく、図書室の本を半年も返さずほったらかすなんて、あなたって人は本当にだらしがない。督促なんてみっともないわよ」

「うそばっかりつくんだから。この先どうなっちゃうんだか」

こんな言い方をしていませんか？ これは、叱りではありません。お母さんのただのグチ。

叱るときには、やった「事柄」を取り出して、その間違いを正すようにしてください。その際に、娘の人格否定はやめましょう。あくまでやった「事柄」を叱ります。

図書室の本を半年も借りっぱなしなのは悪いこと。悪いのは、「図書室のルールに従わなかったこと」「他に借りたい人がいるのに、貸せない状況を作っていること」です。娘がやっていることが、社会的に問題である、人のためにも自分のためにもならない、という

観点で、やった事柄にフォーカスして話すようにしましょう。

「うそをつく」ということは「周囲が迷惑する、傷つく」。また、「一度うそをつくと、それを補うために、またうそを重ねなければならない」。「エネルギーの無駄遣いになる」し、「うそをついている本人は苦しい気分になる」ということです。

叱るときは、腹立ちまぎれについ余計なことを付け加えてしまいます。しかしそれは、たいていの場合、娘の人格を否定することにつながります。そうなると、娘は反発するかいじけるかで、母娘の関係性まで傷つきます。

だから、日頃から意識をしておくことが大切です。叱るときには、一度深呼吸して考えてから。「事柄」に焦点を当て、伝えたいことを、冷静に伝えるようにしましょう。

叱るときもほめるときも、母親の主観と感情で

叱るときにはつい言葉が多くなり、ほめるときにはあっさり、になりがちです。ほめ言葉が、「よかったじゃない」くらいでは、「せっかく頑張ったのに、ちゃんと見てくれない。叱るときはうるさいのに、なによ！」と、思春期の娘は母親に対して反感を持ちます。

ほめるときも叱るときも基本は同じ。母親がどう感じたかをまずは伝えましょう。

「成績が上がったから、これで勉強ができるって思われるね」

と、世間を気にするのではなく、

「今回の勉強法がよかったからよ」

などと、母が評価者になるのでもありません。

「頑張って点数が上がったね、お母さんもうれしいわ」

と、喜びを「アイ・メッセージ」で伝えましょう。感情を込めて、

「やったー！　よかったー！」

と、娘とともに喜べればさらに良いですね。客観的に評価をするのではなく、主観的に喜びを伝えましょう。

「あなたらしいね」は本人を認める言葉

「うちの子をどうやってほめたらいいのかわからない」という人に対して、「あなたらしいね」、という言葉を私はオススメします。この言葉は、究極のほめ言葉です。

叱る目的が「伝える」ことだとすれば、ほめる目的は、「受け入れること」そして、「認めること」。「あなたらしさ」を丸ごと認め、受け入れるということです。**たくさん認めら**

れた子は、自信がつきます。そして、周囲から認められて育った子は、人も認めることができます。

「自己肯定感」という自分を認める力の重要性がいわれていますが、自分を肯定できる人は、他人のことも肯定できるようになります。

いつも、「あなたのそこがいいね、あなたらしいね」と言われている子は、他人の「いいところ」も、自然に目につくようになります。仲間多き人生となりそうです。

これからの時代は「共生の時代」と言われています。

新しい価値は、人と人とのつながりから生み出されます。他人とコミュニケーションをとっていける、連携していける人に、家庭で育てていきたいですね。そのスタートが、たくさんの認められる経験をさせてあげるということです。

娘が未来を担う大人になることを願って、ほめるときは「あなたらしいね」と人格も含めて丸ごとほめてあげましょう。

ポイント

叱るときは理由をはっきりさせ、人格を否定しない。
ほめるときは丸ごと認めると、未来を担える存在に。

子どもがうそをついたら、自分を見直す。母親からのプレッシャーが原因かも

うそを言わなければならない事態に、追い込んでいないか？

「宿題をちゃんとやっている」と言っていたのに、先生から課題が提出されていないと連絡があったり。「日曜日は○○ちゃんと出かけた」と言っていたのに、その子のママの話から、実は一緒でなかったことがわかったり。子どもがうそをついたときは、母親はショックと怒りで、すぐに叱ってしまいます。

でも、ちょっと立ち止まってください。なぜ、娘はうそをついたのでしょうか。

宿題をためてしまって、まずいと思っているところに、母親から「ちゃんとやってあるわよね！」と決めつけられてしまい、本当のことが言えなかった。好きな男の子と出かけたけれど、言えば母親が動転して大声を出しそうだから、女の子と出かけることにした。うその後ろには、子どもなりの理由があると思うのです。また、うそをつくという行為にならなくても、言うと母親に叱られると思って黙っていることもあります。そして、それらが集積してしまうと、本人にも修復できないような事態に陥ることがあります。

「娘がうそをついたのは、母親からのプレッシャーが大きすぎたから？」

こんなふうに感じるなら、少なくとも普段の言い方や叱り方を、見直す必要があるでしょう。子どものうそは、家庭を、母としての自分を見直すきっかけになります。

考えてみれば、大人だって、子どもにうそをついたり、黙っていたりすることがあるでしょう。誰でも全てのことを、家族に話すのではなく、無意識に、話すこと、話さないことを調整しているはずです。全てを言わせようとすると、かえって子どもは隠し始めます。

もちろん、うそをつくのは悪いこと。つかれた相手が傷ついたり、ついたうそに振り回されて、自分も苦しくなるのは事実です。だから、**うそを積み重ねさせないためにも、母親は冷静さを失わずに、穏やかに子どもにうその理由をたずねましょう**。

「本当のことを言えなかった理由を教えてくれる？」

怒らないで気持ちを聞けば、自分から謝ってくることもあるのですから。

ポイント

子どもは母親の顔色をうかがってうそをつくことが多い。思春期になったら、母親も娘への話し方や叱り方を見直して。

「ごめんね、またやっちゃった……」未熟な母親を見せる子育てもある

親も失敗して学んでいるのだ、ということを見せていく

私にも経験がありますが、叱り方については、どれだけ学んでも、そのとおりにはいきません。何かが起こると感情が先走り、「言ってはいけない」言葉がどんどん出てきてしまいます。そして、わかっているのにできない自分に対して、いら立ちを感じます。

思春期は、子どもが「親が絶対に正しい」と思っていた時期から、友達からの情報や刺激のほうに興味が移り、親の言うことを否定してくる時期に重なります。親の間違っているところ、あいまいなところを鋭く突き、糾弾してくることもあります。

もう、親も「カンペキ」を装ってはいられません。子どもからダメ出しを食らうこともあるでしょう。思春期の娘とのぶつかり合いは、親も未熟な存在であることを見せる良い機会となるのかもしれません。**子どもの前では「カンペキ」であった自分から、「ありのまま」の自分へと、自分を変化させていく時期にきたということです。**

母親が未熟なところを娘に見せ、それを母娘で笑い合えるような関係であれば、娘も自分のダメなところを母親に伝えられる、つまり、母娘で共に成長し合える日々を過ごせるのではないでしょうか。

「お母さん、また失敗しちゃった……。でも、今回、こんなことを学んだんだ」と言われれば、人は失敗しても大丈夫ということを娘は学びます。

私も、娘が中学になった頃から、ダメなところを見せられるようになりました。それまでは、相当に鎧を着て、「子どもをしっかりと育てなきゃ、頑張らなきゃ」と肩ひじ張っていたのですが、良い意味で、思春期の頃に鎧を着ることの限界が来ました。「カンペキな親」でいられなくなるのが、子どもの思春期の頃です。すましてなんていられません。何でも知っている自分を演じるには、限界が来ています。人間同士、ダメなところを見せ合って、ぐちゃぐちゃになって、そして腹の底からわかり合う努力をする、それが思春期の母娘の在り方なのだと感じます。

「やってはいけない」ではなくて「こんな子育てもアリ」

育児書や子育て記事を読んでいて、心が苦しくなることがあります。「これをやってはいけない」「あれはやってはいけない」という、母親を諭す言葉が溢れているからです。でも、子育てには、「やってはいけないルール」は役立たないように感じます。人間は未熟な存在ですし、日々の子育てには、わかっているけれどできないことがたくさんあるからです。

今のあなたの子育てが間違っているわけではありません。**あなたの子育ての「やってはいけない」ことは、あなたが決めればいいのです**。誰かの言い分は、取捨選択して受け取ればいいのです。役に立つことだけを取り入れてください。

思春期は、何かと親子でぶつかる時期です。子どもは親から離れて行きます。けれど、長期的に見れば、これまでとは違うもっと強い絆で結ばれる関係ができている、ともいえます。だから、今の難しさにめげないでほしいと思います。

そんなに深刻に考えなくても大丈夫。前を向いて、やっていきましょう。失敗しても、親は親として、「私はこんなものよ、こんな母親よ」と、デンと構えて、明るくやっていけばいいんです。娘が思春期を抜けるまで、もう少しだけ頑張っていきましょう。

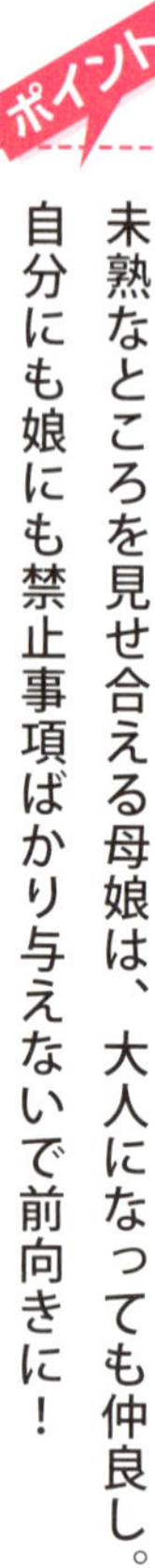

4章

親がこじらせない！学校生活と友達関係をよく観察する

「学校に行きなさい！」と強制するのではなく、「いつでも話を聞くよ」という姿勢を見せる

学校が辛ければ転校してもいい、という包容力も必要

思春期の娘のスケジュールは、仲間が優先。家族の行事などはパスしたい、という意思表示をしてきます。親としては寂しいですが、これが健全な発達だと思いましょう。そして、仲間との関係が濃くなれば、そこで問題が発生することもよくあります。心が揺れ動く思春期の時期は、いつも学校が楽しいわけではありません。女子の場合は女の子同士の人間関係や、学校との関わりが辛くなることもあります。

朝、ぐずぐずしていたり、登校の足取りが重いようなら、学校に行きたくないサインかもしれません。詰問調でなく、お茶とおいしいお菓子などを用意し、穏やかに子どもの話を聞く時間をとりましょう。友達との関係がぎくしゃくしているのか、部活で問題が起きているのか、学校の勉強に不安があるのか、学校そのものに違和感を感じているのか。お茶を飲みながらの雑談の中で、娘の本音が聞こえてくることが多々あります。

もしも「学校に行きたくない」ことを吐露してきたら、すぐに原因追求をするのはやめましょう。学校に行きたくない理由はさまざまです。本人にも特定できないこともあります。

「辛いね、話はいつでも聞くからね。頑張りすぎないでね」

と言葉をかけてあげましょう。

「いつでも話を聞く態勢でいる」ということこそが、重要な親の役割です。誰かに話すことで、問題が解決されることはよくあります。

娘が理由を話してきて、そこに看過できない行為や、解決不能の苦しさがあるのなら、

「転校してもいいいんだよ」

という逃げ道も、場合によってはありかもしれません。

「言い訳せずに学校に行きなさい。それはあなたが弱いからよ」

などとは言わずに、逃げ道を与えたほうが、学校に行きやすくなることもあります。子どもを安心させ、守ってあげられるのは親だけです。

ポイント

行きたくないことを認めた上で、穏やかに話を聞く。逃げ道を与えて、気持ちをラクにするのが親の仕事。

先生の悪口は「そうなのね」ではなく、「そう感じるのね」と同意せずに話を聞く

子どもは自分を正当化する天才だということも考えて

学校では、どの先生がいいとか、あの先生はダメとか、生徒たちが批評家になっていろいろ言っています。自宅でも、子どもから先生の批判を聞くことがあるでしょう。批判の理由を聞くと、親の立場でも「それはひどい！」ということもあり、子どもを守るためにも、学校にクレームをつけたくなってしまうかもしれません。

でも、少し落ち着きましょう。**子どもは自分を正当化する天才です**。「先生の言うとおりにやったのにやり直しを命じられた」と言っても、子どもが勘違いをしていた可能性があります。「こんな嫌なことを言われた」という言葉だけを聞くとびっくりしますが、その前後には、さまざまな会話があったはずです。「嫌なことを言われた」部分だけ切り取ってしまえば、意味合いが変わってしまいます。

子どもからの訴えには、真剣に耳を傾けるべきですが、それは自分の正当化や、母親に対する甘えではないか、本当に深刻な問題なのかどうかの見極めが必要です。

子どもの話は、まずニュートラルな立場で聞く

見極めるためにも、まずは娘の話をじっくり聞くことが重要です。自分の意見は言わず、まずは娘の話を聞きましょう。多くの場合、母親は子どもの話を聞いているうちに、

「先生、ひどいわね、お母さんがひと言、言うから」

と同調するか、逆に

「大げさよ、そんなのたいしたことないわよ」

と娘を否定するか、といずれかの肩を持ってしまいます。難しいかと思いますが、どちらの肩も持たずに聞くのが理想的です。**先生の批判もしなければ、擁護もしない。娘が一生懸命に自分の気持ちを話していることを、ただ聞き続けます。**

「うん、うん、あなたはそう感じるのね」

これが理想の相づちです。

「そうなのね」と、「そう感じるのね」は、似ているようで、違います。娘の言っていることを事実として受け止めるか、辛いと感じている娘の気持ちを受け入れるか、という違

いです。お母さんはその場にいなかったので、起こった事実はわかりません。事実は、今、目の前で娘が辛いと言っていることのみ。なので、娘の気持ちを「そう感じるのね」と、受け入れることだけに徹しましょう。

ニュートラルな立場で聞いているうちに、子どもが自分で「私は大げさに言っているんだ」と気づくことがあります。何をどう先生に伝えればいいのかに気づくこともあります。ただ、話しているだけなのに、人はいろいろなことに気づき、勝手に解決策を見つけていくのです。思春期の娘も同様です。だから、親がやってあげられることは、娘が話せる環境を作ること、ただ聞き役に徹するということです。

本来、学校のことは先生にお任せして、親は関与せず、先生を支えていくほうがうまくいきます。しかし、これはおかしいと感じることがあったなら、速やかに先生に伝えましょう。そこには、我慢は必要ありません。**学校と家庭は連続しているので、学校では気づかないことを、家庭から伝えることには意味があります**。

昨今はお母さんも忙しいですし、先生も忙しいので、メールや電話で話すことも多いでしょう。大事なことは会って話をするのがイチバンです。メールや電話ですと、真意が伝わらなかったり、誤った解釈が起きたりします。また、先生に関しては、母親仲間でもあれこれうわさ話が飛び交っていると思いますが、それらのうわさ話には振り回されないようにすることも大切です。先生に会う際に、先入観をもってしまうと、伝えたいことが伝えられなくなってしまいます。

そして、実際に先生にお会いしてみれば、なんてことない問題だったと解決に向かうこともよくあります。娘の話を鵜呑みにせず、中立的な立場で話を聞きましょう。けれど、これはおかしいと思った時には、お母さんから先生にお伝えすることも大切です。

学年主任やスクールカウンセラーに相談する場合は

中には、担任の先生を飛び越えて、学年主任の先生やスクールカウンセラーにファーストコンタクトを取ったほうがいいケースもあります。しかし、ここも慎重さが必要です。こちらからの要望ばかりを伝えてしまうと、聞く耳を持ってもらえない場合もあります。あくまで冷静に、要望ではなく、具体的な事実を伝えるようにします。

ポイント

学校のことはできるだけ担任の先生に任せ、親は支援する立場に。でも深刻な問題なら担任を飛び越すことも視野に入れる。

「言葉遣いの乱れ」「服装の変化」は全否定せず、その理由を見極める

母親の好みを伝え、非行につながらないか注意して

思春期は、変わることが前提の時期ですが、娘の急激な変化には注意を要します。わかりやすいのは、言葉遣いや持ち物、ファッションです。これまでとガラリと変わるようなら、付き合う友達が変わって、影響を受けている場合が多いでしょう。非行につながらないか、親は目を光らせるべきです。

とはいえ、変化をもたらす友達が全て悪いわけではありません。思春期の頃は、大人の言うとおりに行動してきた、これまでの「いい子」の自分を脱皮し、新しい自分をつくりたいと願う時期です。そういう気持ちのときに、自分とは違う価値観、ファッション、言葉遣いの友達と出会うと、魅了されていくのです。今までの友達にはいなかったようなタイプの友達もでき、子どもも変わっていきます。子どもが大人になっていく過程では、当たり前のことと言えます。

子どもの変化を受け入れることができず、**「だらしがない」「みっともない」などと全否定すると、娘は隠すようになります**。子どもの気持ちや人間関係にどんな変化が起きているのか、子どもとの会話の中で察するようにしましょう。非行につながりそうな事態なのか、大人になりたいと願って起きている変化なのか見極めていきましょう。

その上で、親の好みや考えははっきり言っていいと私は思います。

「お母さんは、その言葉遣いはあんまり好きじゃないなぁ」

「下着が見えそうなスカートは、気をつけないと痴漢に遭うよ。それが心配」

など。批判せず、以前と比べたりせず、母親の意見を伝えます。

反社会的なこと、倫理観に反することを、断固厳しく禁止することも忘れないでください。「ダメなものはダメ」と言い切る大人を、実は思春期の子どもたちは求めています。

不安と居直りが同居している娘の心理を理解しながら、叱るべきときは叱りましょう。

ポイント

「友達のせい！」と決めつけず、娘の心理を読み解く。社会の倫理に外れたことは断固許さない姿勢を貫く。

子どもは母親に友達を批判されるのが嫌い。「悪い友達」と決めつけないで

友達のことを先入観であれこれ言うのは厳禁！

思春期は親離れの時期。これまで「絶対」だった親の価値観から離れて、友達と価値観を共有しようとする時期です。親はただでさえそれが悲しく寂しいのに、その友達が、自分の思うような価値観を持った子でない場合、気になって、つい批判したくなります。ヘアスタイルや化粧が派手だったり、家庭の事情が我が家とかなり違っていたり。そういう一つ一つが、親の「感心しない」理由になりがちです。

しかし、親に友達の批判をされることを、思春期の娘は絶対に受け入れられません。自分自身にも経験があります。私が仲良くしていた女の子のことを、母は気に入っていませんでした。母はけっして悪口を言ったり、「付き合うのをやめなさい」とは言いませんでしたが、「母が気に入っていない」ということが、なんとなくわかるのです。

しかし、そんなことで友情は壊れませんので、母と私の関係はぎくしゃくしていきます。お互いに傷つき、辛い思いをしました。

もし、その子と付き合うことで、非行に走る、法に触れる間違いを犯すなど、正さなければならないことが起きているのであれば、離れるよう、毅然として言うべきですが、そうでないなら、友達のことを親があれこれ言うのは厳禁です。

言わなくても、思っているだけでも、子どもは気づきます。私がそうであったように、自分が友達のことを話しているときの、母親の口調や表情で、気に入っていないことがわかってしまうのです。できるだけ、娘の友達のよいところを見つけるようにしましょう。

心配なら、家に連れてきてもらうのも一案です。風評でいろいろ言われている子でも、会ってみて接してみれば、意外に素直ないい子だった、ということも多いです。お母さんが「あの子は本当はいい子よね」と、友達の良さをわかってくれれば、どれだけうれしいことでしょうか……。

余計な先入観を持たず、子どもの友達を歓迎する姿勢を持ちたいですね。

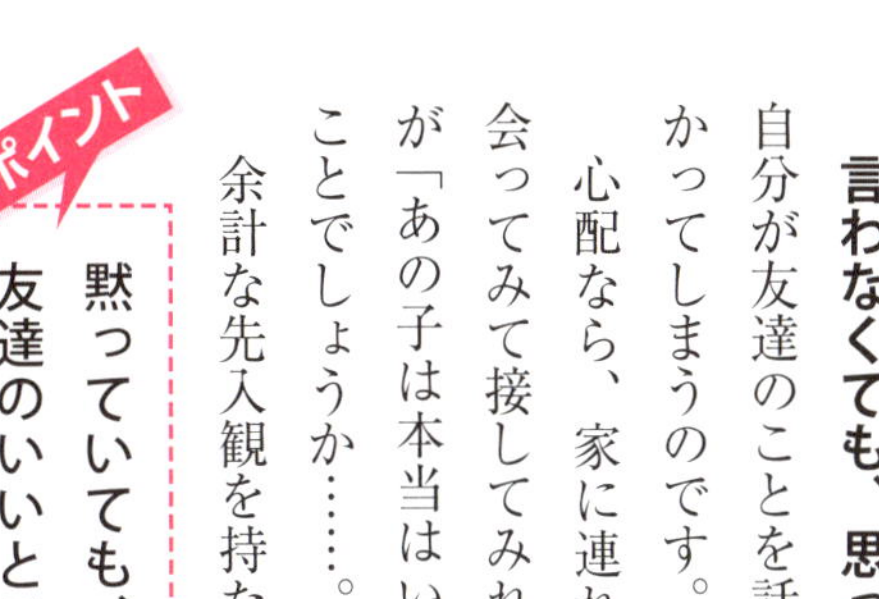

ポイント

黙っていても、母親が友達を嫌いなのはわかってしまう。友達のいいところを認め、歓迎すれば関係性も変わる。

「仲間外れ」「いじめ」は誰にでもある。様子が変わったら、子どもをよく観察する

被害経験7割、加害経験も6割という事実

自分の子どもがいじめに遭うと「よりによって、なぜうちの子が?」と心配になります。しかし、この考え方を変えていく必要があります。いじめの被害経験は想像以上です。

いじめに関する調査データがあります。

「いじめ追跡調査2013−2015」(文部科学省 国立教育政策研究所 生徒指導・進路指導研究センター)によれば、中学生に対する、暴力を伴わない「仲間外れ・無視・陰口」の経験に関する問いに対し、被害経験が「ぜんぜんなかった」との回答は、640人中200名、全体の3割程度です。つまり、7割の生徒は3年間の中学生活の中でこうしたいじめを経験しているということができます。

「我が子がいじめに遭わないように」と願う気持ちは、誰でも同じですが、残念なことにいじめを排除することは難しい世の中になっているようです。多少のいじめは本人が解決します。親は子どもが帰ってこられる居場所をつくり、温かく見守ってあげましょう。しかし、深刻ないじめの際には、親は子どもをしっかりと守ってあげなければなりません。「ひどくぶつかる・叩く・蹴る」に対する被害経験では、中学生の女子では、「ぜんぜんない」が9割と示されています。比率的には少ないとはいえ、暴力を伴ういじめに遭っている子もいるということです。我が子がそういう悲しい経験をしている可能性もあるかもしれません。**子どもの様子がおかしいと感じる際には、お風呂に入るときや着替えの時などに、あざがないかなどの確認も必要です。**

暴力を受けたときには、学校には必ず伝えましょう。担任の先生では荷が重いと感じるなら、スクールカウンセラーや学年主任など、言うべき相手を考えて、できるだけ早く、そして冷静に話をしていきます。

いじめはなくならないからこそ、親が寄り添ってあげたい

仲間外れや無視、陰口は、暴力を伴わなくても、大変辛い経験です。精神的にまいってしまいます。

子どもたちは、いじめに遭っても隠そうとするのが常で、無理やり聞こうと思えば、ま

すます口を閉ざします。いじめに遭うのは恥ずかしいこと、それを親に言ったらまたいじめられる、と思っているのです。

そんな子どもの心理を理解した上で、子どもの様子が最近暗い、あまり友達の話が出てこなくなったと思ったら、とにかく対話の時間を増やしてみてください。何げない話から、子どもが学校での辛い経験を話し始めることもあるでしょう。

また、相手が特定できたとしても、すぐにカッとして、「お母さんが解決してあげる」とは、ならないでくださいね。子どもには、子ども同士のデリケートな関係があります。子どもは親に言ってしまったことを後悔してしまいます。

会話がさらに進み、子どもが心の内を話してくれるなら、なぜ、無視や陰口が起こっているのか、何か思い当たることがないか一緒に考えてみるのもいいでしょう。

でも、たいした理由もなく、なんとなく無視することもあるのが、思春期の子どもたち。遊び感覚で、集団で一人をいじめる、という陰湿なこともしでかします。

「世の中には気が合わない子もいる、たいした意味もなく意地悪する子もいる。それは仕方がないね。そういうことに負けない何かをあなたが持てるといいね。頑張って乗り越えたら、何かきっとつかめると思う。お母さんはいつでもあなたのそばにいるからね」

というような声かけをし、寄り添っていきましょう。

もちろん、暴力がなくても、深刻な場合には先生には伝える必要があります。先生の対応策も聞いておくべきです。子どもがますます傷つくことがないような方法で対処していただくよう、よく頼むことも忘れないでください。また、先生に頼んだことは、頼みっぱなしではなくどういう結果になったか、確認もしておきましょう。

ただし、先生がどんなに誠意をもってくれたとしても、いじめがなくなることはない、ということも認識しておく必要があります。子どもたちは、先生がいないところでいじめをするのですから。また似たようなことに遭うかもしれません。

そんなときに、子どもが自分らしく、強くなれるよう、親はサポートができるといいですね。つながる仲間は自分から選んでいけることを伝えましょう。クラスや部活で仲間外れにされたと感じるなら、別のコミュニティーを持てばいいのです。

学校以外のサークルなどに所属して、新たな友達を作るのもいいかもしれません。新しいつながりを持つことで、子どもは違う価値観に触れることができ、ぐんと成長することもあるはずです。**いじめに遭った経験から、自分の在り方を考え、人に対する優しさを学ぶ子どもも多くいます**。いじめに遭うのは、その子が悪いわけではなく、たまたまの偶然。その偶然はピンチでありつつ、きっと大きなチャンスとなることでしょう。

加害者の経験のある子も6割以上

「いじめ」と聞くと、我が子の被害のことばかり考えてしまいますが、子どもの「加害経験」についても触れておきます。

中学3年間、加害経験が「ぜんぜんなかった」と答えた生徒は635名中の217名。すなわち、6割以上が何らかの加害経験を持っていることがわかります。

子どもが加害者になっている場合、親はさらに気づきにくいものです。しかし、子どもの言動や行動に、何か変だと思えるサインが見えた場合には、ゆったりと子どもと対話をし、事実関係の確認をしてください。いじめをしていることが発覚した場合には、「本当はどうしたいのか」を聞きましょう。本心ではなく、そういった行為に及んでいる場合もよくあるものです。子ども本来が持っている心に気づかせてあげてください。

ポイント

いじめは想像以上に起きている。被害者だけでなく、加害者になることも考え、子どもと話せる環境づくりを。

不登校は思春期にグーンと増える。「他人にどう思われてるか気にしなくていい」

「人は勝手なことを言う生き物」と伝えていく

不登校は、もはや特別なものではありません。小学生では全児童の1％、中学生では全生徒の4・1％が不登校だというデータもあるほどです（文部科学省 2018年2月「児童生徒の問題行動・不登校等生徒指導上の諸問題に関する調査」）。

不登校とは、**「何らかの心理的、情緒的、身体的、あるいは社会的要因・背景により、児童生徒が登校しない、あるいはしたくてもできない状況にあること（ただし、「病気」や「経済的な理由」を除く）」であり、「30日以上の欠席」を伴うもの**と、文部科学省では定義しています。30日に至らない、つまり不登校とは定義されない、長期欠席まで含めると、圧倒的に数字は上がるはずです。

学校に行かない理由は、「いじめ」かと思えば、実はそればかりではありません。先の調査によれば、不登校の要因は、小学生では「家庭に関わる状況」が53・3％と過半数を超えており、「いじめ」は0・7％、「いじめを除く友人関係をめぐる問題」が18・8％でした。中学生になると、「家庭」要因は28・9％に低下する一方で、「いじめ」は0・5％、「いじめを除く友人関係をめぐる問題」が27・2％となり、学校での人間関係がより大きなウエイトを占めるようになっています。

不登校に至る要因は、子ども自身の心理状態にあるということがいえます。学校の交友関係や成績、家庭環境、その他さまざまな条件が絡まり合って、不登校が起きている。つまり、

「不登校は、どの児童生徒にも起こりうるものである」と捉えることができます。

「不登校とは、多様な要因・背景により、結果として不登校状態になっているということであり、その行為を『問題行動』と判断してはならない。不登校児童生徒が悪いという根強い偏見を払拭し、学校・家庭・社会が不登校児童生徒に寄り添い共感的理解と受容の姿勢を持つことが、児童生徒の自己肯定感を高めるためにも重要であり、周囲の大人との信頼関係を構築していく過程が社会性や人間性の伸長につながり、結果として児童生徒の社会的自立につながることが期待される」

と、制度面でも、関わり方が言われています（文部科学省「平成28年不登校児童生徒への支援の在り方について（通知）」）。

1日、2日の「身体がだるい」「熱っぽい」という理由での欠席とは別ものだと考えて、正しい知識や情報をもって、対処していかねばなりません。

散歩でもいいから、とにかく家から出よう

不登校についての考え方や対応策については、家庭により、まったく異なります。あっけらかんと受け入れている家庭、なんとしてでも学校に行かせようとする家庭、さまざまです。いずれにしても、親の取り組みですぐに解決する問題ではありません。

けれど、「ずっと家にいる状態」を作ってしまうということは、少し心配です。引きこもってしまうと、日々の生活に刺激がなくなり、未来のことが考えられなくなってしまいます。家にいる時間が長くなると、なおさら外に行くのが嫌になります。

だから、**家を居心地のいい場所にしすぎて、引きこもりの状態を作らないようにすることは大切だと思います**。学校に行かなくても、社会に出ていく。買い物や遊びでもいいので外に出ていく努力をし、社会の空気に触れさせたほうが、新しい考えも湧くはずです。

急に「学校に行きたくない」と言い出して休んだとしても、体調が悪くないなら、散歩でもいいから、一緒に出かけるといいですね。犬がいたら、犬の散歩に行くのもおすすめです。

親として、子どもに「行きたくない」理由を聞きたいのはやまやまですが、「なぜ行かないのか？」と問えば、子どもは口を閉ざします。ダイレクトにその部分には触れずに、雑談の中で、だんだん解きほぐしていければいいのではないでしょうか。

また、心の中のことを伝えるとき、面と向かってしゃべるのはなかなか難しいものです。でも、散歩で並んで歩くなど、同じ方向を向いていると、わりと話しやすくなります。そういう意味でも、散歩に出るのはいいかもしれません。

長い人生、いろいろなことがあるものです。**解決を急ぐばかりでなく、子どもの心の内をしっかりと受け止めてあげましょう**。全ての経験は、成長の糧となるはずです。

人にどう思われているか、気にしすぎないように

思春期は、自我の芽生えの時期ですが、一方では、「人にどう思われているか」がとても気になる時期です。それで、集団生活が苦しくなるということもあります。

大人でも、人からの見られ方は気になります。思春期ではありませんが、仕事をし始めたころ、私自身にも周囲からの見られ方が非常に気になり、苦しい時期がありました。自分の意見を発信すれば、当然反対意見をもらうこともあるわけですが、そんなことに慣れ

ていなかった私は、会ったこともない方からの批判に悩みました。
でも、しばらく悩んだあと、「人は勝手なことを言う生き物だ」と思うことにしました。さまざまなことを言う人はいるけれど、それを気にしてばかりはいられません。いくら気にしたって、どうにもならないのです。自分は未熟な人間です。「批判するエネルギーを出してくれてありがとう」くらいの気持ちで対処することに決めました。

子どもが「不登校」となったとしても、ダメな子どもと思わせるのは絶対やめましょう。お母さんが意識を向けるのは、世間体ではありません。子どもがどう見られるか、ではなく、子どもが今、社会をどう見ているのか、どう感じているのかを察し、子どもの理解者になってあげることです。この経験が、将来子どもをどう成長させていくのかについても、思いをはせましょう。後に、きっと、自分なりの生き方ができるようになるはずです。
実際、大人になってから、「私、不登校だったんです」と明るく笑う人は多いです。お母さんも、お子さんも心を痛めなくていい、と思ってください。

ポイント

不登校だからダメ、恥ずかしいなどと思わない。大人になってから笑って言えるようになればいい。

「校則を破れば、停学」のケースも。学校帰りの寄り道には十分な注意を

「ダメ」の根拠や理由をはっきりと示す

学校の帰りや塾の帰りに寄り道をしたいのは、気持ちの上ではわかります。けれど、子どもには注意を促さなければなりません。

まず、校則を見て、「寄り道不可」となっていたら、どんな場合でも寄り道自体がダメだということ。そうした校則があることを前提に入学したはずです。

校則なんて、あってないようなもの、と高をくくっている子もいるかもしれませんが、見つかれば停学になる場合もあります。制服のまま寄り道をしているところを見て、「あの制服だからあの学校」とわかり、学校に連絡してくる人もいます。また、SNSなどに投稿された1枚の写真から、明るみに出るケースも非常に多くなりました。

校則には「寄り道不可」という記載のない、比較的自由な学校でも、どんな場所に寄るのかは問われます。明るい雰囲気のファーストフード店ならまだいいですが、飲酒ができる場所、18歳未満入場禁止のところなどは、当然出入りすべきではありません。ネットカフェやマンガ喫茶は、都道府県によって条例があり、夜から朝にかけて18歳未満は入場禁止のところが多いです。**子どもに「寄り道はダメ」と言うときには、何がダメなのか、なぜダメなのか、わかるように筋道立てて言ってください。**

・校則で禁じられている。規則を破っているのを見つかれば停学のおそれがある。
・法律で夜は入場できない場所だから、塾帰りに寄ってはダメ。
・繁華街をふらふら歩いていると、風俗業の人に目をつけられ強引に引っ張られたり、不正を働くグループに引き入れられたり、想像を超える事態に陥ることがある。

寄り道の危険をきちんと筋道立てて伝え、理解させましょう。

制服は、通っている学校の象徴です。その学校の生徒として、校外においても校則を守る義務があります。制服を着て校則や法に触れるようなことをしていると、学校全体を汚すことになります。学校の看板を着ているようなものと、伝えていきましょう。

ポイント

寄り道の何が悪いのか、寄る店のどこがよくないのか、理由をはっきりさせることが、思春期には大事。

「お金の貸し借り」は絶対させない。何にお金が必要なのか、親が把握する

万引きやその他の犯罪に結びつかないように目を光らせる

子ども同士のお金の貸し借りはやめさせないといけません。ちょっとパン屋さんに寄る、というときも、持ち合わせがなければ友達にお金は借りず、買わない勇気を持つように伝えましょう。

借りるのもよくないし、貸すのも尾を引きます。借りたほうは忘れていて、貸したほうばかりが覚えている、こんなこともよくあります。人間関係がこじれる元だと、よく理解させましょう。

お財布を忘れたということではなく、手元のお金が足りなくて、借りようとしている学生もいます。なぜ人のお金を借りるほど足りないのでしょうか？　ここは親が関与しなければいけません。

欲しいものがあるのなら、どんなものが欲しいのか、相談して親が納得すれば買ってあげるのもありですし、どうしてもお小遣いが足りないのなら多少増やすなど、対処はできます。ですが、物が欲しいのではなくてお金が必要となると、その理由は確かめる必要があるでしょう。**よからぬ人間関係に巻き込まれていないか、犯罪に関係していないか、突き詰めなくてはいけません**。うちは大丈夫、と根拠のない安心感をもっているご家庭も多いことと思いますが、いつ何に巻き込まれるかわからない。何も他人事ではないのです。

子どもが脅されて上納金のようなものを支払うケースもあります。子どもは全てを話さないかもしれませんが、様子がいつもどおりでないなら、何げない対話からスタートし、

「ひとりで対処できない時には、お母さんがサポートするよ」

と、支援ができることを伝えましょう。

家の中の見えるところにお金やお財布を置かないことも大切です。見ればつい、欲しくなる。見えなければ何もなかったのに、つい出来心で親のお金を盗むようなことがあれば、本人が一番かわいそうなのだと思ってください。

ポイント

渡したお小遣いで健全にやりくりできるような環境を整える。家の中の目につくところにお金を置かないことも大切。

5章

子どもの成績を上げるために！
勉強、受験で親がサポートできること

「勉強、ぜんぜんしてないじゃない」は禁句。大きな目標ではなく、スモールステップがいい

ガミガミ言うとかえって逆効果に。その子らしい勉強法を見つける

「うちの子、勉強をぜんぜんしないんです」、これは多くのお母さんから聞く言葉です。けれど、何をもって「勉強しない」と感じているのか、その意味合いは、家庭に応じて異なります。勉強時間がゼロなのか、少しはするのか、最初からしないのか、最近になってしなくなったのか。子どもの状況を言語化するのは難しいものです。

しかし、子どもの成果が思わしくない場合には、親は、もれなく「勉強しない」という言葉を使います。事実とは異なる解釈がそこにはあることは、認識しておいたほうがいいでしょう。

このようなことを踏まえた中で、**心配なのは、突然しなくなるということです。「突然」の変化の陰には、何かの理由があるからです。**まずは、子どもとゆっくり話をしてみてください。学校の先生や塾の先生などに様子を聞いてみるのもいいでしょう。体調や食欲などにも意識を向けてみてください。

また、お子さんはそれなりに勉強をしているつもりなのに、お母さんの理想には届かず、「うちの子は勉強しない」というケースもあります。子どもには子どものやり方があるものです。子どもの育つ力を信じて見守る姿勢が、思春期の子どもに対しては必要です。

うちの長女がよく言っていたのは、「さあ、これから勉強をしようと思ってるのに、お母さんから先に、『勉強は？』なんて言われると、やる気が萎える！」。たしかにそうですね。

思春期の頃には、自分の学習のペースや勉強スタイルが確立しているものです。しかも、お母さんには勉強の全体像が見えていません。それをとやかく言って修正させようとしても、うまくいくはずがありません。子どもを信頼して、任せましょう。

勉強が苦手な子には毎日のスモールステップを設定

勉強はちょっと苦手、しかも勉強時間がほとんどない、というお子さんには、その子らしさを伝えるところから始めることがおすすめです。明らかに勉強をしていない子どもに、「頑張っているね」などと伝えるわけにはいきません。すぐに、「おだて」と見抜かれてしまいます。しかし、その子らしさは誰にでもあるものです。そして、自分らしさを伝えられれば、子どもは皆、うれしくなるものです。

自分らしさを認識させた上で、次は、苦手な部分、心配な部分への対応です。どうしても英語のこの部分が苦手、というのであれば、どうしたら克服できるか考えさせる。または、塾や学校の先生に相談するよう促す。苦手意識を克服できるようなきっかけづくりを応援してあげるとよいでしょう。

また、子どもが立てる目標は、壮大になりがちです。しかし、壮大すぎると、何から手をつけていいのかがわかりません。小さな目標、スモールステップを組み合わせて進んで行くのがいいでしょう。カレンダーなどにできたところまでメモしておくようにし、それをお母さんが見て、

「ちゃんと毎日やっていてすごいね」

などと声をかけてあげると励みになります。そして、たまに壮大な夢を思い出し、「着実に夢に向かって進んでいるね」という声かけもしてあげましょう。

言葉の力は大きい。勉強を時間で捉えない

私の知り合いのお子さんが、

「勉強時間は1時間と決めているけど、たまたま問題がスラスラ解けて30分で終わることだってあるでしょ。でも、そんな時、うちの母親、『30分しかやってないじゃないの』とか言うんだよね。ありえない……」

と言っていたことを聞いたことがあります。私もそんなことがあったかもしれないな、と反省すると同時に、間違った解釈で発してしまった言葉の持つ、マイナスの力の大きさを実感します。

まず、勉強は時間で捉えるのではなく、量で捉えなければなりません。その上で、

「30分、すごく集中していたね。すごく真剣な顔してやってたよ」

と言ったら、子どもはどういう気持ちになるでしょうか。気持ちが上がって、次はもっと早く解けるようになるかもしれません。さらに集中して、深く勉強をするようになるかもしれません。言葉のプラスの効果です。

勉強をするのは本人です。母親が全てをコントロールする時期は、もう終わりました。

ポイント

スモールステップで、勉強の楽しさを実感させる。勉強を時間で見ずに量で見る。

「勉強しよう！」の声かけは必要。ただし、くどくど言うと逆効果になる

伴走者として声をかけるのは母親の役目

前述のとおり、「ぜんぜん勉強をしていない」は言うべきではないのですが、だからといって、「勉強しなさい」をまったく言わずに放置することも問題です。声をかけられなければ、勉強などしないのが、子どもだからです。

昨今では、「親は勉強に関して何も言うな」と言う識者の声も多いため、「勉強しなさい」を禁句と思い込んでいるお母さんも、多くいます。そして、それでも言ってしまう自分にジレンマを感じ、悩んでいます。でも、子育てはもっとナチュラルに考えていいのではないでしょうか。もちろん、言いすぎてはいけませんが、この現状は許せないと思う場合には、「勉強しなさい」という声かけは必要です。子育ては、理想ばかりでは回りません。

ただ、その子のペース、タイミングなどには気を遣いましょう。言いすぎると精神的に追い詰めてしまうこともあるでしょうし、かえってやらなくなるケースもあります。このバランスが難しく、故に子育てには知恵が必要です。

「ちょっとだらけているな」と思っても、少しだけ待つ。

「最近、のんびりしているみたいだけど、テスト勉強はうまく進んでいる？」

くらいの声かけをし、それでもやらなかったらガツンと、など工夫してください。

お母さんは、娘のマラソンの伴走者と思ってください。隣で走ってあげて、油断しているときには、「ペース落ちてるけど大丈夫？」と声をかけたり。いっぱいいっぱいのときは、体調を第一とし、「無理しないで。今はゆっくりでいいじゃない。後で回復したら走れるよ」と励ましたり。「ゴールまであと500メートルだね」と勇気づけたり。ガミガミ、くどくどにならないように気をつけたいですね。

親も人間。ついイライラして怒鳴ってしまうこともあるでしょう。そんなときには、

「さっきは感情的になりすぎた、ごめんね」

と謝れば大丈夫。親子の関係はいくらでも修復が可能です。

勉強のことを言いたくなっても少しだけ待ってみる。ワンクッションおいてからガツンと短く注意する。

子どもの3つのDの返答に気をつけよう。「どうせ、私なんか」が出てきたら要注意

「でも」「だって」から「どうせ」にならないように

娘から出てくる言葉で気をつけてほしい3Dがあります。まずは2つのD、「でも」「だって」について考えてみましょう。

この二つは、母親が言うことに対する反論です。

「でも」「だって」に続き、自分なりの意思表示がある場合は、娘からの反論を、じっくりと冷静に聞きましょう。そして、「あなたはそう思うのね」と、自分の意見があることは認めてあげます。娘の話がわかりにくい場合には、お母さんが理解できるまで「それってどういう意味かな」「もう少し具体的に教えてくれる」と聞くことも大切です。娘の表現力を高めるきっかけにもなります。

「やれなかった理由がある」という意思表示の場合には、やれなかった理由を静かに聞きましょう。その上で、

「どうしたらできると思う？」と、今後の対策を考えさせるとよいでしょう。できなかったことが、成長のきっかけとなります。自分を守るための言い訳が、自分を成長させるための動機づけへと変化していきます。

そして、3つめのD、「どうせ」が出てきた時は、要注意です。できないことに開き直り、もう努力しないという宣言をしているような言葉です。

では、娘は、どうして「どうせ」と言っているのでしょう。わかってもらえないという寂しさの裏返しかもしれません。**母親が「ぜんぜんやってないじゃない」「なんで集中できないの」と、娘を否定したあとで出てくるようなら、母親は言い方を考え直さなければなりません。**苦しさの中で、「お母さんなんて大嫌いだ」という思いが込められた言葉だとしたら、どうしますか。

娘が、「どうせ」を言い出したら要注意。「どうせ」という言葉が娘から出てこなくなるよう、お母さんの話し方を変える工夫をしてみてください。

ポイント

Dの言葉に込められた子どもの気持ちをくみ取る。
「どうせ私なんか」と言い出したら、深刻な状態と考えよう。

「本を読みなさい」では、効果なし。本屋さんや図書館を遊び場にしてみては

親が本を読むことを楽しんでいれば、子どもも本好きになる

子どもを読書好きにしたいと思っても、「本を読みなさい」と言うだけでは読みません。親の思いはなかなか子どもには届かないものです。

ただ、環境次第で好きになることもあります。

例えば、幼少期のころ、長女の習い事に次女を付き合わせる際に、私はいつも本を持って出かけました。静かに待っていなければならない、その間できることといえば本を読むことしかなく、毎週のように続けていました。次第に、次女は自分で持っていく本を選ぶようになり、気づけば、すっかり本好きになっていました。

また、長女は自分の興味のある本を、シリーズで読みたい子でした。ご褒美つきの読書スタンプ帳のようなものを作ったときも、よく読みました。ステージクリアごとにご褒美がもらえる仕組みだったのですが、最高ステージのご褒美は、前から欲しがっていたハムスター。これは無理だろうと思っていたのですが、長女は思いの外頑張って読破し、結局その後、ハムスターを育てることになりました。

きっかけさえあれば、子どもは本を読むようになるのです。

子どもが小さい頃は、よく、子どもたちを本屋さんに連れて行きました。絵本のコーナーには、きれいな絵本がたくさんあるので、娘たちは夢中で本を手に取っていました。本屋さんは、子どもたちにとって、遊びの場だったのかもしれません。

図書館も大いに利用しましょう。**図書館で好きな本を借りてきて、夜眠るときに読み聞かせる。読み聞かせの温かな時間は、親子にとってのうれしい時間です**。そして、そこから、本が好きになる場合も多いかと思います。

本を読むことは、後の人生につながる、とても大切なことです。お母さんも、読書をしてみてはどうでしょう。食卓で、今読んでいる本がどんな本なのか、家族で話し合うような家庭なら、きっと子どもたちも本好きになるはずです。

ポイント

本を勉強のツールと結びつけるのではなく毎日を楽しくする娯楽の一つとして自然な働きかけを。

「何のために英語を学ぶのか?」子どもの意見を聞きながら、勉強法を探す

気軽に会話? 国際人として活躍? 目的により方法も違う

グローバル化が進む社会では、英語力の必要性を、より一層強く感じます。小学校でも英語を学ぶようになりましたが、中高大学まで含めても、学校の英語教育だけでは足りないことは、皆さんが実感しているとおりです。そこで、小さいうちから英語教育をしたほうがいい、民間教育で英語のフォローを、という話になります。実際、習い事としての人気は、引き続き大変高いようです。

ただ、週に1、2回英語の習い事に行ったとしても、英語がペラペラになるわけではありません。

「せっかく習っているのに、ぜんぜん上達しないじゃない」

こんな思いを避けるためにも、「何のために英語を習うのか」という、英語学習の目的をはっきりさせておくことが必要です。

英語に対する抵抗感を排除するために英語に触れさせたいのか、会話力を身につけさせたいのか、将来国際人になるための素地としての英語力なのか、受験や普段の勉強の強化なのか、など。目的によって、学び方や教室の選び方はまったく異なります。今は、英語教材もかなり充実していますし、授業料や教材費もまちまちです。

「英語を学ばせなきゃ」とひとくくりで考えるのではなく、英語学習の目的を具体化するところから、まずは始めてみてください。お子さんの意欲や考えを聞きながら、家庭の方針も含めて決めましょう。

英語を学べば将来の進路の幅が大きく広がる

英語を学ぶメリットは何か、とよく聞かれます。

私個人の意見ですが、子どもが「自分は英語が得意だ」と思っている場合と、「英語が苦手だ」と思っている場合とでは、将来の夢の描き方が変わってくると感じています。英語が得意と感じるなら、なりたい自分の選択肢が広がります。自信も持てるようになるでしょう。企業も、より世界に開かれていく時代です。就職でも、英語力があることが条件の企業が急増しています。英語学習ができる環境があり、子どもがやりたいというのなら、躊躇せずに背中を押せばいいと思います。

ただ、そのときに、成果を求めすぎないことが必要です。ひと言でもふた言でもできるようになったら、認めてほめる。英語ができるようになったら、こんなにステキなことができるねと、イメージを膨らませて語り合ってください。英語は人と人とがつながる手段です。**英語ができることで、仲間も圧倒的に増えること、社会に役立つことがたくさんできることを伝えてあげてください**。

本人が留学をしたいのなら、かなえてあげたい

中学・高校では、「留学」という言葉も身近になってきます。実際、私立の学校では、短期留学を取り入れているところが多くあります。

費用もかかりますし、そう簡単にできることではありませんが、子どもが「行きたい」と言い、経済的な余裕があるなら、チャレンジする価値は大きいと思います。

子どもの視野が広がるからです。**母国語が通じない世界に身を置くことで、子どもは驚くほど成長します**。必死に知っている単語をつなぎ合わせて会話をし、なんとか通じたという成功体験が得られます。そこに大きな意味があると思うのです。

カンペキでなくてもいい、ということも子どもは学びます。伝えたい気持ちがあれば、伝わるものだということも学びます。そこに大きな価値があるはずです。

たった3週間の海外滞在でも、その留学が契機となって人生が変わったという子は多くいます。私の知人も、短期留学がきっかけとなり、結果、JICA（国際協力機構）に入職することになりました。

ただ、女の子の場合は、ホームステイ先の安全は確保してください。そこは、親の役目です。言葉が通じないうちは、嫌なことを拒否することもできません。体調を崩しても、伝えられずに重篤な状況になってしまうこともあるでしょう。

また、寮なら安心だろうと思って寮生活のある留学先を選んだところ、日本人ばかりで、英語をあまり話さなかったという話もあります。

お子さんがよりよい体験をできるよう、情報を集めて子どもと相談し、納得のいく滞在先を選んでください。

ポイント

母国語が通じない体験が、将来の財産となる。グローバル社会を見据えて英語に触れよう。

受験となれば、勉強のピッチを上げる。「できるよ、きっと！」とエールを送ろう

ピッチを上げても、母親は伴走者であることを忘れない

日ごろの勉強のときは、少しゆったりと考えられても、いざ受験となれば、そうは言っていられません。結果はどうあれ、やはり「精一杯やった」という思いに達しないと、親子ともども後悔してしまいます。

「あなたの好きにすればいいわ」

など、突き放した言い方ではなく、厳しいことを伝える役目も親にはあるのです。ただ、娘が傷つくような言い方はしないようにしましょう。

「こんなに順位が落ちてしまってどうするの!?」

そんな言い方をしたら、後を引きます。女の子は、「あのときママはああ言った、すごく嫌だった」と、嫌な記憶をいつまでも覚えているものです。

なんてことのない一言で傷ついてしまうことも、よくあります。お母さんの一言のあ

と、黙って部屋に入ってしまうようなら、

「言いすぎたわね、ごめん」とフォローしましょう。

子どもは、「やらなきゃいけない」ということがわかっていても、なかなか動けないもの。

「やらなきゃいけない」「でもやりたくない」

こんな葛藤を感じグズグズしています。そんなときに、

「後悔しない道を選ぼうね。悔いのない受験をしようよ」

と、母親からの言葉があれば、やる気が復活することもあるでしょう。

受験生への声かけはあくまでポジティブに。「そんなことをしていたら……」「これじゃうまくいかない」というネガティブな言い方ではなくて、「じゃあ、どうしようか？」「できるよ、きっと！」と、プラス思考で声かけをしていくことが大事です。

勉強もマラソンもラストスパート。ピッチを上げる子どもに、明るいエールを送っていいゴールを切らせてあげましょう。

ポイント

「こうしなきゃダメ」でなく「こうすればうまくいく！」。

前向きな声かけが、子どもの勉強のピッチを上げる。

「成績が落ちる一方」なら、真剣に考えて。生理やホルモンが原因のこともある

話を聞いて不安を取り除いてあげるように

多少成績が落ちても、親はドンと構えて揺るがないほうがいいのですが、もし、「落ちる一方」なら、ちょっと立ち止まって真剣に考えてみましょう。反抗期の子どもは、母親が関わることを嫌がるかもしれませんが、それはおそらく表面的なこと。本人も不安でたまらない時期ですので、責めるような言い方は避けて、本人が心の内を話したくなるように、話を聞いていくことが必要です。

まずは、優しくさりげなく、お茶などを準備し、雑談やお母さんの相談ごとから入っていくといいでしょう。話すためには、まず話せる場作りをする必要があります。ポツポツと話し始めたら、お母さんは意見を挟まず、相づちを打つだけ。うなずきながら聞きましょう。**お母さんが語るのは、子どもが全部話し終わったあとです。思春期の娘は、途中で口を挟まれることを嫌がります**。特に、デリケートな話をしているときには、大事な部分は最後に話そうとしていることも多いのです。とにかく、不安を吐露させるよう、ただ娘の話を聞きましょう。もしかしたら、学習の問題ではなく、学校での人間関係などが潜んでいるかもしれません。真の原因を探っていきます。

その上で、家で解決できそうなことは一緒に考えていく。学校の先生や塾の先生に相談したほうがよさそうなことは、娘とどう相談するか、気持ちを合わせることも必要です。親が勝手に決めて先走らないように気をつけましょう。**思春期の子どもたちは、とにかく親から一方的に決められるのを嫌います**。せっかく話をしても、親に命令されたのでは、話さなければよかった、となりますし、結局成績アップにもつながりません。

生理周期で体調が大きく変化することもある

女の子の場合は、成績が落ちる原因として、体調不良もあるはずです。発熱や下痢、風邪などの原因以外に、思春期の頃はホルモンのバランスが大きく変わるため、身体の変化について行けずに体調が悪くなることが、多々あります。なんだかお腹が痛い、頭が痛い、やる気が出ない、倦怠感がある……。母親も経験済みだと思います。

特に、生理前にイライラしたり、集中できないことは多いですし、生理中はお腹が痛かったり、月経血のことが気になって集中できなかったり。まだ月経の周期に慣れていないので、体調の悪さもうまくコントロールできないのが思春期の娘です。

ここは、お母さんの出番です。女同士、話をしてみましょう。ヒーリングの音楽を聴くとか、お腹をカイロで優しく温めるとか、その子に合った癒やし方を、探っていきます。**母親が体調のことを一生懸命に考えてくれているだけでも、娘は安心し、快方に向かっていくかもしれません**。

生理中、薬を飲んでいいかどうかも、悩むところですね。どんな薬を飲んだらいいかも含め、一度は、医師に相談したほうがいいでしょう。

今の時代、子どもはネットからいくらでも情報を入手できます。「生理中、お腹が痛くなったらこの薬を飲むといい」など、出どころのわからない情報に振り回されないよう、親は見張っておかなければなりません。薬の摂取に関しては、必ず親に相談するというルールは、最低限必要でしょう。生理中の辛さこそ、母親が寄り添ってあげるべきです。

成績が落ち続けているときは、単に怠けているのではなく他に原因があることが多い。先入観抜きで本人から話を聞こう。

受験目前、子どもが落ち込んでいたら根拠がなくても「あなたなら大丈夫」と励ます

母親がうろたえていると、子どもも落ち着かず心が揺れる

いざ受験間際になった時には、母親は細かいことを言わず、健康管理だけ気をつけ、あとはデンと構えていましょう。そして、にこやかに試験に送り出してあげます。

もし、試験が思うようにいかないときでも、親が動揺してはいけません。

「どうして、いつもの力を発揮できなかったの……」

などと、追い打ちをかけるようなことを言うのは絶対にNGです。親が嘆くことは、子どもにとって大きな負担となります。力を発揮できず、一番悔しいのは本人です。自分の不満や嘆きを、子どもにぶつけるのはやめましょう。そして、子どもが落ち込んでいるときこそ、母親の出番です。

根拠があろうとなかろうと、

「あなたなら大丈夫」

と言い続けるのが、親としての在り方だと思います。

実は、今でこそこんなことを言っている私ですが、子どもたちの受験の頃の私のピリピリは、相当なものでした。生ものを食べてお腹が痛くなるといけないからと、年が明けてからは刺身などは禁止。風邪や感染症にかからないように、除菌スプレーを大量に買っては、目に見えないバイキンに向かってシューシューやっていました。ちょうど風邪やインフルエンザが流行る時期ですからね。

父親が風邪をひいているときなど、追いかけて行ってスプレーをかけたり……。私のそんな異常ともいえる行動が、余計娘の不安感を煽っていたことは間違いないでしょう。

そのうち、子どもたちは「ママ、これ食べても大丈夫?」が口癖になってしまいました。間違いなく、子どもの足を引っ張る行為でした。反省しています。

過去を振り返って分析するより、未来の夢を追う

思考には、課題解決型思考と未来志向型思考があります。課題解決型思考は、何か問題が起こったときに、過去にさかのぼって原因は何かと探り、分析し、解決法を見出していく思考法です。

未来志向型思考は、「これをやったらどんないいことがあるだろう」と、未来を想像する思考法です。不思議なことに、**「もしもこんなことが起きたなら……」と、イメージをしてみると、それに向けて何をやったらいいのかが見えてきます**。結果、行動力につながります。ワクワクするような未来がイメージできれば、気持ちも前向きになります。

受験においては、自分の失敗を振り返り、次に生かすというのもたしかに重要ですが、明るい未来に思いをはせ、受験を楽しく乗り切ることも大切です。特に直前期、親は、子どもの気持ちを盛り上げる役になれるといいですね。

私自身が大学院の修士論文を書いているとき、四苦八苦している横で、次女が「頑張ってるね、お母さんなら絶対大丈夫だよ」と言ってくれました。うれしくて涙が出ました。「なんでそんなに書くのが遅いんだろう？」とか、「お母さんには無理なんじゃない？」なんて言われたら、それが正しい分析だったとしても、すごく落ち込んでいたでしょう。

大人も子どもも、かけられる言葉によって、その後の行動が変わります。

ポイント

子どもたちが受験を乗り切るときは未来志向で。
「こんな未来がかなえられたらいいね」と励まそう。

「学校や塾の勉強についていけない」ときは過去に戻って、学び直す勇気が必要

成績を見ながら、どこからわからなくなったかをしっかりと分析

学校や塾の勉強についていけないことを、本人はなかなか人に言いたくありません。成績が悪くなっていても、あれこれ別の理由を出してくるものです。しかし、成績が明らかに悪くなっているときには、ケアレスミス程度ではなく、どこかの単元でつまずいている可能性大。こういうときは、後ろを振り返ります。

つまずき始めたのはどのあたりからなのか。それを見極める必要があります。通知表が下がり始めた時期を特定する、模試を受けたなら、どの単元が弱いのかを見極める。親はたいてい点数しか見ないものですが、実は点数以外の部分に、大切なことが隠されています。点数そのものに一喜一憂しないで、わからなくなっている単元や時期を見つけます。

つまずき始めた頃や単元がわかったら、腹をくってそこからもう一度学び直すほうが、話は早いです。子どもは前に進みたいため、過去に戻ることには抵抗を示すでしょうが、

「わからなくなったところに戻って、学び直すのが近道だよ！」

と励ましてください。けっしてカッコ悪いことではないことも付け加えてください。ある男子校の進学校では、大学受験のための古文の成績が上がらない高3生は、「中2まで戻れ」が合言葉になっているそうです。

実際、学年を下げて問題を解くと、スラスラ解けるので、希望が湧いてきます。そこからさらに少しずつ前後して探っていくと、わからなくなったところが発見できます。学び直すとみるみるわかるようになるので、がぜん子どももやる気が出てきます。

そうしたら、お母さんは、

「すごいね、戻って学び直して本当によかったよねぇ！　お母さんもうれしい」

と、大げさに喜んで、ほめてあげましょう。「霧が晴れるように勉強ができた」経験は、子どもの成功体験となり、勉強に前向きになる大きな原動力となります。子どもには、ぜひとも、「やればできる」を体験させてあげてください。

ポイント

勉強についていけないなら、わからなくなったところまで戻って学び直すのが一番効果的。できたら大いにほめよう。

家庭教師や個別塾で勉強の遅れを取り戻す。「優しい先生が必ずしもいい」とは限らない

子どものペースに合わせるだけでは、良い結果は出ない

学校や集団塾の勉強についていけないと、お母さんとしては、個別塾や家庭教師にSOSを出したくなります。子どもの理解度やペースに合わせて教えてもらえるのは非常にいいことですが、ともするとこれが失敗を招きます。我が家の場合もそうでした。

優しい先生で、子どもが「わからない」と言うと、ていねいに教えてくださったのですが、それでは受験のペースについていけません。子どももゆっくりとしたペースのほうが居心地がいいので、高いお金を払いながら成績がまったく伸びず、親子ともども虚しくなった、という苦い経験があります。

個別塾や家庭教師に依頼する際には、まず最初に、先生ときちんと話し合いましょう。何をどこまで進めてほしいのか、希望するゴールを明確に伝えます。

もちろん、最初に親が「このように」と思っても、子どものレベルがそこまで達していなかったり、体力的に難しかったりなど、調整も必要です。

だから、先生とは話し合いを重ねたほうがいいでしょう。何でも相談できる関係をつくっておいてください。それができるのが個別指導の良さでもあります。

子どもたちにとって、個別塾や家庭教師の先生は、少し年上の優しいお兄さん、お姉さん。彼らに来てもらうことが遊びのようになってしまってはいけません。

「遅れを取り戻して、あなたが勉強にまっすぐに立ち向かえるようになるために、わざわざこの先生が来てくれるのよ。今までよりきっちり勉強しなければいけないし、厳しさが増すけど、覚悟してね」

そのくらい、子どもには強く伝えていいのです。先生にもそうした気持ちを込めてお願いしましょう。

繰り返しになりますが、個別指導の場合には、先生としっかり連携をとってください。それでこその、個別学習です。「おまかせ」ではないことを、肝に銘じてください。

ポイント

子どもには個別学習は厳しいものだとしっかり伝える。
先生とは細かく勉強の仕方を微調整する。

6章

「男の子」を意識する時期！
恋愛、デート、性教育はどうする？

中学生女子は、3割がデートしたことがある。「デートなんて！」と悪く決めつけない

不安でたまらなくても、母親の気持ちはしっかりと伝えよう

小学校高学年以降になると、友達の中には、異性に興味を持ち始め、男の子と付き合っている子も出てきます。早熟で嫌だわ、と思った経験もあるのではないでしょうか。母親はたいてい、自分の娘は奥手だと思いたいものです。けれど、中学生、高校生になったあたりで、男の子と出かけている気配を感じたりもします。

複数の男女で親に言って出かけて行くならいいのですが、二人だけで、となると心がザワザワします。付き合っていなくても、男の子の友達と出かけているだけで、何か不純な交際をしているんじゃないだろうか、と思ってしまうこともあります。

でも聞くのも恥ずかしいし、聞いたら娘が怒るかもしれないと、不安を隠して黙ってしまいます。すると、勘ぐる気持ちばかりが増し、よけいに不安な気持ちが強くなります。

参考までに、データをお見せしましょう。長年、若者の性行動調査をしている日本性教育協会（2017年6月～12月に調査実施）によれば、中学生では女子の3割がデートの経験があり、高校生なら6割ということです。

これを多いと思うか、それとも「普通」と感じるか……。母親によっても、感じ方は異なりますが、こうしたデータを見れば、あなたの娘さんも男の子とデートをしている可能性はあるということがわかるでしょう。

「みんなで出かける」と言って出て行っても、実はデートだった、ということもあるかもしれません。そして、それを「やめさせる」こともできません。

デートをすること自体が思春期である娘の成長の証

では、母親は娘にどう話したらいいでしょうか。

まずは、デートを「悪いこと」と決めつけて叱らないこと。男子を意識し、目覚めていくこと自体が思春期の特徴なのですから、成長の証だと捉えましょう。

頭ごなしに「デートなんてして！」と怒鳴ったら、二度と子どもは母親に好きな男子のことも、デートしたことも言わなくなります。

中学生で3割、高校生で6割がデートしている事実を念頭に置き、「デートするのは自然なこと」と、まず捉えること。そして、「楽しいデートをしてほしい」と伝えることです。
さらに、親は子どもが男性と出かけることを心配するものだということも、伝えます。

「母親がデートを心配するのは、男の子と付き合うことそのものより、男の子と付き合うことで、あなたが傷つくのを恐れているからなのよ」

と。その上で、娘が、誰とどこに出かけるかを親に伝えるルールを作るといいでしょう。親に心配をかけないためです。家族としてのルールです。間違っても、インターネットで知り合った男性と出かけることがないように、厳しく伝えます。

それが、どれだけ危険なことか、インターネット上では、誰でも「なりすます」ことができることも伝えましょう。そして、

「あなたの心と身体を、お母さんは誰よりも大切に思っている」

と伝えます。子どもは「ウザイ！」と言うかもしれません。けれど、母親の思いはきちんと受け止めるはずです。

ポイント

デートをしたいのは自然なことと捉える。
娘の心と身体を誰よりも大切に思っているのは母親。

「性教育は初潮のタイミングで話す」といい。難しければ本やTV番組に頼っても

「話せる」環境を作って、正しい情報を、正確に伝える

性について、親が真正面からリアルに子どもに教えるのは、難しいこと。好きな男の子の話や、結婚観などを、日ごろからしていない家庭ではなおさらです。

私の実家では、私が中高生のときに性について親子で語るようなことは一切ありませんでした。タブーのようになっていて、大人になっても同様でした。

話さない習慣ができてしまうと、大人になればなるほど、もっと話しづらくなります。話せるうちに話しておきたい。そして、恋愛や性についての会話を通して、親が何より子どもを大切に思っていることを伝えたい。自分自身の経験から、私は「話せる」雰囲気を作ろうとしました。結果、友達から情報を得た子どものほうから、あっけらかんと話をしてくるようになりました。

親から話題をふる場合には、初潮のタイミングで話すことがよいと感じます。女性は子どもを産むことができる性であることを伝え、初潮を迎え、そのような年齢になったことを教える。子どもはどうやって生まれてくるのか、伝えてみてはどうでしょうか。

そのときに、父親との出会いのこと、娘を妊娠したときにうれしかったこと、出産の様子などを、幸せなエピソードとして伝えると良いでしょう。逆に、望まない結婚やセックスがどれだけ虚しいものかを伝えてもいいかもしれません。

初潮とともに生理用の下着やブラジャーなどを一緒に買いに行くタイミングで話すのもオススメです。かわいい下着を選ぶのは、母も娘も楽しいので、なんでも言っていい雰囲気ができます。母親も、自分の初潮について語り、人によってかなり差があることなども伝えておくと良いでしょう。

子ども同士の間違った性の情報が危ない

中学生の性の知識に関しては、非常に個人差があると感じています。興味のある子はいろいろ知っています。そして、間違った内容も多く広まっています。今は、ネットから、どんどん情報が目に入ってくる時代です。それは、何かの宣伝とともに、誇張した内容で伝わることも多いです。

性に関する情報に触れると、女の子は男性に興味を持つ場合、または男性に対して、嫌悪感を持つ場合があるように思います。家庭の方針で、男の子との交際はＮＧであっても、男性に対して恐怖心を持つような伝え方は好ましくありません。男女交際においては、自分を守りつつ、自分の気持ちを相手にはっきりと自分の言葉で伝えることが必要であると、伝えたいものです。

親が自らの価値観を伝えるだけでなく、正しい情報を伝えることが重要です。とはいえ、専門家ではないですし、言葉を濁しているうちに、伝わらなくなってしまいます。

世の中には、中高生向けに書かれた性教育の書籍もありますし、ＮＨＫのＥテレでは、ティーンエイジャー向けの性教育の番組もあるようです。過去の番組を検索して見られるシステムもあります。全てを母親が引き受ける必要はありません。こうしたものを利用するのも、一つの手だと思います。

大切なのは、娘に正しい知識が伝わること。利用できるものは利用しましょう。

ポイント

母親の経験や考え方を伝えながら、命の誕生を教えていく。本やＴＶ番組で正しい知識を伝えてもよい。

「大人に見られたい」欲求も成長の証。服装やメイクは、母親の好みを押しつけない

子どもであっても、大人の女性と見られている現実は伝える。

思春期の女の子がファッションやメイクに興味を持つのは当たり前。中学ぐらいになると、自分で服を買いに行ったり、メイク用品を買ってきたりして、驚くことがあります。特に、メイク用品は今、１００円均一ショップでも買えますから、小学生のうちからお小遣いで買ってしまうケースもあるようです。

女の子は、「大人に見られたい」という欲求が男の子より強いように思います。実際、思春期の女の子は、男の子よりも大人びて見えます。それは、メイクや服装など、大人に見せる小道具が多いからともいえますし、そうしたものに関心を持って自分を磨くからかもしれません。13歳でも、びっくりするほど女性らしく見える芸能人もいます。

大人への憧れを持つ時期が思春期ですから、服装やメイクで大人に見られたいのは当然のことです。まずは、それを認めましょう。親から見て、少し「やりすぎ」なのも、この時期にはよくあること。**センスがよくなかったり、メイクが下手だったりすることに、母親として口を挟みたくなりますが、そこはぐっと我慢しましょう。**

親が服を買ってあげても、気に入らないと言って着ないことも増えてきます。最近は、「うちの子は地味すぎて」というお母さんの声もよく聞きます。少し女の子らしい色の服を、と思うのでしょうが、服で個性を表現していると考え、母親の好みを押しつけないようにすべきです。

ただ、本人は「これがかわいい」と思っても、短すぎるスカートや胸の露出の多い服などは、男性のいらぬ欲望を誘うということを、よく知らせておくべきです。電車の中で座ってスマホをいじっているときに、誰かから「女性として」見られている可能性もあるのです。上からのぞいてブラジャーが見える、後ろ姿の太ももがあらわになっているというのは、自分でも目が届かないところ。娘が出かける前に、母親がチェックしてあげるといいですね。

ポイント

子どものセンスがつたなくても尊重してあげる。露出の多い服だけは、本人が気がつかない部分を注意。

「恋愛はお互いがＯＫと思える」のが一番。セックスの要求には「ＮＯ！と言える」勇気も

女の子には妊娠・中絶の危険性を十分に伝えなければならない

中高生の恋愛について、どう考えるかは、家庭によってかなり違いがあります。うちの娘たちは、中高生のときにお付き合いをしている男性はいないようでしたから、あまり話す機会はなかったのですが、特定のボーイフレンドができた場合には、「お互いがＯＫと思える関係」で付き合うことが大切、と伝えておきたいものです。

好きな男の子と何度かデートをすると、セックスを求められることもあるかもしれません。そのとき、自分は嫌だけれども、断れなくてそうなってしまった、というのは絶対にやめるべきです。これは、相手がＯＫ、自分はＮＯという関係。お互いがＯＫと思える関係でないと、ゆがんでしまいます。

また、「一緒にいる」のは、本当にお互いが好きだからなのかどうかも、一度考えてみてほしいこと。女の子に恋愛感情を持たなくても、セックスが目的で、付き合いを求めてくる男の子もいたりします。また、何人もの女性に興味を持つ男の子も……。女の子はとても傷つき、トラウマになります。男性が怖くなります。

自分の気持ちはきちんと言葉で表すべきです。そして、いくら相手のことが好きでも、嫌なことには、NOと言う勇気をもたなければいけないことを、母親は娘にしっかりと伝えましょう。それが、自分にとっても相手にとっても、重要なことだからです。

子どもの恋愛について、母親があまりに厳しいと、娘は何も言わなくなります。付き合っている子がいたら家に連れてきてほしいと思っても、母親が気に入らなそうだからと、黙って付き合うことも多いです。それではかえって心配ですね。

恋愛についてどう伝えるのかはとても難しいですが、できるだけ風通しをよくすることが重要でしょう。好きな人がいてお付き合いするのは良しとして、しかし、絶対に望まない妊娠はしないように気をつける、お互いに好きであることが大前提で付き合うことなどは、言っておかなくてはなりません。

ポイント

無理して付き合い、傷つくことは絶対に避けたい。
嫌なことにはNOと言える勇気を持つ子に育てたい。

親が一緒にいない「夜遊び」「外泊」は要注意。「うちの親は厳しい、手ごわい」と思わせる

「よそはよそ」「うちはうち」のルールを徹底する

小学生でも中高生でも、「お泊まり」は楽しいものです。お友達の家に泊まり、夜更かししておしゃべりするのは、女の子同士のこの上ない楽しみです。

親同士が懇意にしていて、子どもたちも日ごろから家を行き来しているなら、それもよいでしょう。泊まる前に、相手の親御さんに連絡を取り、お菓子などを持たせて自宅に泊まらせていただく。あるいは、自分の家に泊まってもらう。親の目が届いているところでの女の子同士の外泊なら、心配はありません。

しかし、「両親がいない家でのお泊まり」「ホテルなどに友達同士でお泊まり」「カラオケルームで朝まで」などは、中高生のうちはやめましょう。子どもを信用していないわけではありませんが、一つ良しとしてしまうと、ズルズルと何でも良しとなってしまいます。気づけば、男女二人だけの外泊につながっていくケースも多いのです。「中高生の間は、子どもだけで夜を過ごすのは禁止」等、わかりやすいルールを決めておくとよいでしょう。子どもから、「どの家もお母さんはいいって言っているのに」と文句が出ても、「よそはよそ、うちはうち」でよいのです。

本人にも友達にも、「うちの親は手ごわい」と思わせましょう。**子どもが断るときも、「自分は行きたいけれど、うちの親がうるさいから」でよいのです**。

泊まりでなくても、文化祭などの夜遅くまでの打ち上げも、やめたいものです。中高一貫校では、高校生が主導することも多いためか、ファミレスなどで夜遅くまで騒いでいるグループに、中学生が交じっている光景も見かけます。しかし、中学生と高校生では、門限にも違いがあるはずです。「みんなが行くから」ではなく、うちのルールに従って、「夜は行かない」選択をさせることが大切です。

夜遅くに子どもが活動すれば、危険が生じます。夜遊びは控えさせましょう。子どもに任せる部分と、親が決める部分は切り離して考えるべきです。

ポイント

女友達同士でも、大人のいない場所での外泊はＮＧ。夜遊びは禁止する。

性犯罪が多発。「私は大丈夫！」ではなく死角のある公園や駐車場には近寄らない

事が起きる前にしっかりと防ぐ注意を指示しておく

多発する性犯罪に、心が痛みます。２０１８年3月に発表された警視庁の「都内における性犯罪（強制性交等・強制わいせつ・痴漢）の発生状況」を見ると、平成29年では、強制性交等は約１７０件、強制わいせつは約７００件、痴漢（迷惑防止条例違反）は約１７５０件も発生していることがわかります。

被害者の年齢では、20代に次いで多いのが10代です。強制わいせつの被害者については、10歳未満でも6・4％もいるのですから、驚愕です。

強制性交や強制わいせつでは、ＳＮＳを介して知り合った人からの被害も多く報告されています。ＳＮＳでは、誰かになりすますことができます。別人の写真なんて、いくらでも使えます。中には、女性の写真を使って、「友達になりたい」と女の子を誘い出す、悪質なケースもあります。「女の子だから」と安心して会いに行くと、そこにはおじさんがいたとか。

知らない人とSNSを介してつながること、ましてや会うことは絶対にやめるよう、強く伝えましょう。

素性のわからない人と知り合うことほど怖いことはありません。ＩＤなども知られてしまうので、なかなか縁を切りにくい場合もあります。後から大きな問題に発展してしまうこともあります。何か困ったことがあればすぐに親に言うようにと、事が起きる前に伝えておくことも大切です。

スマホを見ながら、イヤホンをしながらの歩行は厳禁！

また、女の子の場合は、通学や塾の行き帰りに路上などで被害に遭うケースも相次いでいます。強制わいせつが行われる場所は、「道路上・公園」が3割以上です。特に夜道は気をつけなければいけません。

人けの少ない公園や駐車場は危険です。死角が多く、犯罪が目撃されにくい場所です。

小学生はもちろん、中高生もこうした場所に近い道を歩くのはなるべく避けましょう。

明るい時間でも同様です。下校時間に連れ込まれる事件も多発しています。

とにかく、人通りのある明るい通りを歩くこと。歩いているときは、携帯電話やスマホを見ながら、イヤホンを使用しての音楽を聴きながらの「ながら行為」はやめましょう。これは、性犯罪だけでなく、交通事故の大きな要因にもなっています。

また、嫌な話ですが、自宅のあるマンションなどで被害に遭う人もいます。エレベーターに乗る時は周囲に気をつけ、必ずボタンの前に立つこと。不審者が乗り込んで来た場合はすぐ降りるよう、子どもにはよく言っておきましょう。

家で一人で過ごすときは、必ず玄関は施錠するよう徹底します。一人でいるときは、チャイムが鳴っても出ない、電話にも出ないというくらい慎重に。怖がらせるということではなく、「ルールを守っていれば、安心して過ごせるから」と、伝えましょう。

子どもは、「お母さんは慎重すぎる」と言うかもしれませんが、性犯罪は、遭遇してから気をつけても遅いのです。とにかく未然に防がなければなりません。こうしたデータを活用して、よく言い聞かせてください。

ポイント

強制性交や強制わいせつ、痴漢は10代の被害者が多い。
家に一人でいるときは、チャイムが鳴っても出ないよう徹底する。

7章

未来に向かって羽ばたけ！
「自立した大人の女性」になるために

「多様性のある公立」か「個性のある私立」か。子どもの将来を見据えて進学を考えよう

学校の特徴を調べ、自分の子どもに合っているかを見極める

中学受験、高校受験のときは、公立にするか私立にするかの考えどきです。特に都心では学校の選択肢も幅広く、どちらにしようか迷います。学費や合格実績ばかりでなく、子どもをどんな環境で過ごさせたいか、という判断基準で決めたいものです。

公立のいいところは、自由な風土があり、さまざまなお子さんがいることでしょう。友達にも進路先にも多様性があります。先生も、異動により代わることがあるため、幅広い考え方に触れ、社会性を学ぶという点では優れています。校則なども、生徒主導で決められる学校が多く、たくましさ、自分たちでゼロから築いていく力なども養えます。

一方、私立の場合は、学校ごとにはっきりとした理念があります。多感な中高時代に、人生の軸足となる考え方を身につけることができるでしょう。理念は学校のさまざまな活動に表れています。受験するときは、学校の理念をよく理解し、共感できるところに行くべきです。数年ごとに校長先生が代わる公立とは、この点が大きく違います。

また、進学という面を考えると、中高一貫校の進学校の場合、高2の秋ぐらいまでに中高のカリキュラムを終えてしまい、あとは受験勉強に向けて演習をしていく学校が多いようです。効率よく大学受験に向かっていけるメリットがあります。

大学の付属校の場合は、大学受験のためにエネルギーを使わなくてよいので、伸び伸びとやりたいことができるという利点があります。スポーツや芸術などを極めたい人にとっては、自由な時間を使えるという観点で、よい環境といえるでしょう。

中高時代の友人は、生涯付き合っていく友人となります。その先の人生の選択に、大きく影響を与えてくれるのが、中高時代の友人です。

我が子にはどのような個性があり、それはどのような環境に合っているか、我が子にはどのような大人となり社会に役立ってもらいたいかを考え、各学校の個性に照らし合わせて、学校を選びましょう。

ポイント

公立は多様性を学べる場。
私立は理念をよく理解し、共感できるかどうかを判断する。

「女子校」か「共学」か。昔とは違うので学校の情報収集と見学はしっかりと

古典的な意味での「女子」か、世界に羽ばたく「女子」か

進学を決めるときには、女子校なのか、共学なのか、という迷いがあります。女子校、共学のそれぞれよいところを考えていきましょう。

都市部の中高一貫校は、今も男子校・女子校に分かれている場合が多いです。私立で共学を選ぼうとすると、選択肢が限られるということもあります。

女子校は男子がいないので、余計な緊張感がなく、伸び伸びと過ごせるという利点があると、女子校出身者はよく言います。そして、自然と男子役のような役割を担ってくれる女の子が出てくるので、意外と女子だけでも自然、と。女性特有の体調の変化も共有しやすく、あうんの呼吸で協力し合って行事や委員会も進んでいくのがいいとのことです。

しかし、ひと口に女子校といっても、女子教育の目的としているところは、学校によりさまざまです。**「将来家庭に入るべき知性を身につけた女性を育てる」**という伝統的な女子校もあれば、**「社会で、世界で活躍する女性を育てる」**ことを旨とした女子校もあります。後者の学校は、社会に開かれており、キャリア教育という名のもと、働く自分の人生設計をすることを積極的に取り入れています。グローバル教育や理数系教育に力を入れた学校、資格取得に力を入れた学校など、それぞれの学校に応じた特徴があります。どちらかというと、近年は後者の学校に人気があるようです。

公立の共学校も昔とは違う特徴を持ったところが多くなった

一方、共学は男女が協力して部活や催事をやり遂げることができること、「男子」「女子」という性別の枠を超え、友達として付き合えることが利点だと思います。もちろん、生徒同士の恋愛も起きやすいということもあるでしょう。また、中高時代の友人関係は一生続くことが多いもの。将来、同窓会を開催する際には、男性、女性が集えるということも利点ですね。女子とは違う男子の勉強法や思考などに、触れることもできるでしょう。

近年は、母親の意向として、共学校の人気が高いようで、もともと女子校だったところが共学になっているケースも多くあります。また、共学の中には、大学の付属校も多く、こちらもまた、特徴があります。

最近は公立校にも大きな変化が起きており、私たちの学生時代とはまったく違う視点を持つ学校も出てきました。

公立の中高一貫校は、注目を集めています。高校受験がなく、6年間というスパンで学べるというメリットがあり、学力の高い生徒が切磋琢磨し合っている学校も多くあります。また、理系に特化した公立校、芸術を重んじた公立校などもあります。入学後にコースが分かれ、専門的なことを学ぶことができます。

教育はとにかく、今、大転換期を迎えています。**お母さんが、自分の受験の頃の感覚で学校を選んでしまっては、子どものチャンスを逃すことにもなりかねません**。まずは、インターネットなどで学校の実態を知り、パンフレットをできるだけたくさん取り寄せ、理念をしっかりと読みましょう。そして、お子さんの意見を聞きながら一緒に志望校を決められるといいですね。実際に通学している人の意見を聞くことができれば、一番です。

最近の女子大は就職の面倒見がよく、社会で活躍できる

大学受験を見据え、女子大についても触れます。

お母さんが学生の時代に比べ、国立以外は女子大の偏差値はおおむね低くなりました。

多くの女子は、共学の大学に流れているようです。しかし、人気が上がっている女子大もあります。例えば、就職の面倒見がとてもよく、就職内定率が非常に高い大学など。大学での専門的な勉強はもちろんですが、大学選択となると、やはりその先の就職が気になるため、「就職に強い」大学には人気があるようです。

女子大は、伝統的なタイプの女子大と、女性のキャリア構築を応援する大学とに分かれてきており、選ぶ大学に応じて、大学時代の過ごし方が大きく異なります。

女の子にとっての教育は、大変自由になりました。そして、女性の活躍がさらに期待される時代です。子どもの個性を把握し、家の方針を明確にし、うちの娘にはどのような未来が合っているのか、楽しく想像してみてください。そして、何と言っても子ども本人の意見を大切にしてください。

「女の子の力が期待される時代だね。あなたは将来どんな人生を生きたいのかな」

男の子とは異なる、女の子の力が生かされる未来を期待します。

ポイント

活躍する女性を育てる女子校、特徴に満ちた共学校。学校は昔と様変わりしているので、必ず見学をしてから決める。

「自立した女性」とは収入の有無ではない。自分らしさを持って共生できること

母親は娘にとっての「刺激」となれるように頑張ろう

「男性が前に立ち、女性は後ろからついていく」こんな言葉は死語となりました。女性の活躍が期待される時代です。女性の自立が求められています。

では、どのような状態が、自立している状態なのでしょうか。

自立の定義は、「自分らしさを大切にし、他人と共生していくことができる」こと、つまり精神的に自立していることと、私は考えています。経済的な自立とは捉えていません。

先行きが不透明なこの時代を生きていくのは、簡単なことではありません。AIやテクノロジーとの共存が必須である時代、その中で人間に求められるのは、周囲と連携していける力、力と力を合わせて新しい何かを創り出せる力です。困難にぶつかった際には、自分を振り返り、どうしたらいいのかを考えることができる人が、今後の社会に求められる人材です。未来に向かって周囲からたくさんの刺激を受け、自分も周囲に刺激を与える存在である。つまり、社会と双方向につながっている人材が重要であり、自立した人間といえるでしょう。専業主婦だからとか、フルタイムで働いているからとか、そういう区別はありません。家庭で子育てに専念している女性であっても、自立した女性は多くいます。

そんな「自立した女性」に娘を育てたい。だとすると、親は何をすればいいのでしょう。

その答えは、「母親が自分の姿をありのままに見せていくこと」。

親が手取り足取り、子どもに何かを教える行為は、もはや時代錯誤と言えるでしょう。社会はこれだけ急速に変化しているわけですから。それより、母親自身も進化することが大切です。母親自身が、いきいきと生き、そんなご自身の生き様を娘に見せてはいかがでしょう。母親だって人間ですから、いい面も悪い面もあるはずです。悪い面も見せることで、女の子は失敗にめげず、チャレンジする気持ちを学びとることができます。

思春期の今は、人生を生きる価値観ができる時期でもあります。一番身近な母親が、進化し続ける人生を見せてあげましょう。それこそが、「自立」につながります。

ポイント

周囲の人たちから刺激を受け、刺激を与えながら連携し、共生していける女性に育てよう。

「将来、何になりたいの？」とあせらない。今は、子どもにできるだけ多くの体験をさせる

中高生で将来の職業がわからないのは、当たり前のこと

よりよい成果を出すには、明確な目標が必要だ。大学進学も、その先の就職も、早く目標をつくり、その目標に向かって突き進むのがいい。近年、学校にはこのような考え方が広まっているのでしょうか。中高生のうちから、将来何がやりたいのか、何をするのかを考えなければいけない、こんなふうに思っている子どもたちが多いように感じます。

でも、本来、将来やりたいことなんて、そう早い時期から見えてこないのではないでしょうか。もちろん、中学生のうちから将来設計をし、夢に向かって突き進んでいくタイプの子もいます。そういう子を見ると、たいていのお母さんは羨ましくなります。将来の夢や目標が何も決まっていない我が子に対して、

「お友達の○○ちゃんは、早くからお医者様になるって決めて理系の勉強をしているわよ。あなたはどうするの？」

と、言ってしまいます。言われた子どもは不安になります。

しかし、**夢や目標は人から言われて、無理やり作れるものではありません**。まだ、社会のことが見えていない中学生にとっては、将来の目標がないのは、当たり前のことと思います。

成功は予期せぬ偶然によるもの

実は、こんな研究があります。スタンフォード大学のクランボルツ教授は、人生の成功を収めた人たち数百人を対象に、成功の秘訣を徹底分析しました。成功者はきっと、早くから目標立てをし、目標に向かって戦略的に進んでいった、と思いきや、なんと**成功者のうち約8割の人は、「自分の成功は、予期せぬ偶然によるもの」**だと答えたそうです。

この結果をもとに打ち出した理論を『プランド・ハップンスタンス(planned happenstance)理論』といいます。

「成功者のほとんどが偶然成功した」のなら、娘さんもそんなに早くから将来を決めなくてもいいということになります。これから高校、大学と進んでいく中での、偶然のいい出会いを待てばよいと。

しかし、この理論はただ「偶然を待っていましょう」という理論ではありません。『プランド・ハップンスタンス』というとおり、『計画された偶然』が重要であるというのです。「人生の成功のほとんどは、予期しない偶然によって形成されるけれど、ただ偶然を待つのではなく、自分にとってよい偶然が起きやすくなるように行動する。よい偶然が起きそうな気配を敏感に捉えてキャッチし、積極的に活用する努力をして成功につなげていく」ということです。とにかく、行動することが大事だということ、と納得しますね。

よい偶然とそうでない偶然を見分けられる力を養う

さて、クランボルツ教授の理論を理解したところで、母親がやることが見えてきたと思いませんか。

まず、子どもたちには、自分らしく、すくすくと育つ環境を整えます。何にでもチャレンジできる物理的環境、自分にはできると思える精神的環境が重要です。そういった土壌があれば、偶然の出来事が入ってくる、つまり子どもの育つ力を信じて土壌を整えるという行為が、『計画された偶然』を呼び込むというわけです。

手っ取り早いのは、「いろいろなところへ連れて行き、体験をさせること」です。小さい頃なら、子どもの職業体験ができるテーマパークに連れて行くとか、科学を学べる博物館でじっくり学ぶとか。学校以外の仲間と出会えるようなサークル、国内旅行、海外旅行、なんでもよい体験になります。

出かけていかなくても、家に留学生を受け入れる、大人も子どもも一緒に議論する習慣を作るのもいいでしょう。子どもだからと制限をかけずに、大人の本に触れさせることも大切です。**将来のために時間を使うのではなく、今、楽しいこと、今、やりたいことに時間を使いましょう**。それが、将来の財産となることは間違いありません。

少ない経験や情報の中で、急いで将来を決める必要はありません。特に今はＳＮＳで何でも手に入り、なんでもわかったような気になってしまうので、行動しない子が多いです。ぜひ、実体験をたくさんさせてあげてください。そして、「今」を楽しんでほしいです。

中高生にしか体験できないことがあるはずです。今だけ、味わえる感動があるはずです。今、体験することは、確実に将来の豊かさにつながります。

ポイント

娘には「よい偶然」をキャッチできる力を備えさせる。
そのための体験や情報を与えるのが親の仕事。

「子どもの進路に親はどう関わる？」親の事情や願いを伝えて決めさせる

「自己決定力」は「自立のチャンス」となる

中学受験では、親が学校をいくつか選択し、子どもとともに志望校を決める家庭が多いでしょう。しかし、大学受験となれば、進路は自分で決めさせることが基本です。自分の好きなこと、突き詰めたい分野を決定し、それにふさわしい学部を見つけることが、志望校決定のプロセスです。子どもたちには調べる力が備わっていますし、学校や塾もサポートしてくれます。

まして、最近の大学には、親には理解不能な学科や学部も多く、親が志望校に関してあれこれ言うことは、かえって足を引っ張る行為となってしまいます。

避けなければならないのは、「親が進路を決めてかかったので、将来を台無しにされた」と言われることです。

子どもから、「自分で選択して責任を持つ」というチャンスを奪いとってしまうことになりかねません。

自分の責任ではなく、他人の責任だと言い訳する癖をつけてしまいます。子どもは、親がノーと言えば進学もできないし、進路も決められません。親は子どもに対して大きな力を持っていることを自覚し、力を行使しすぎないよう注意しましょう。

とはいえ、親は子どもの言うとおりにしなければいけないのかというと、そうではないと思います。

学費の問題、親元を離れての一人暮らしの問題に関しては、家庭に応じた考え方があるはずです。また、子どもが跡継ぎにならざるを得ない家庭では、どこかの時点で子どもにも真剣に、将来の職業について話さなければなりません。

親の事情や願いは伝え、その上で子どもが判断するよう促しましょう。現実と向き合った上で、何を選択し、どう行動するか。これも、自立への第一歩です。

ポイント

家計の状況や跡継ぎの問題などは高校生なら伝えていい。ただし、それらが「縛り」にならないよう配慮する。

「何をやりたいか（doing）」ではなく「どんな人になりたいか（being）」で考えよう

「いったい何をやりたいの？」では子どもは答えにくい

「あなたは何をやりたいの？」

と子どもに問いかけても、「特にない」と返ってくるのが常でしょう。親はイラッとしてしまいます。しかし、この問いかけを自分にしてみたらどうでしょう。

「忙しい毎日、特にやりたいことなんてないな……」と、大人もなかなか答えられないのではないでしょうか。

こんなときは「何をやりたいか」＝「doing」ではなく、「どんな人でありたいか」＝「being」に意識を向けることをオススメします。

「どんな人でありたいか」なら、「優しい人でありたい」「人に親切にできる人でありたい」と、きっと言葉が出てくるからです。「何をやりたいか」より、ぐんとハードルが下がります。**「やりたいこと」と聞かれれば、できるかどうかという自己判断の後の回答となっ**

てしまいますが、「ありたい姿」となれば、自由度が高くなるのです。

うちの長女の場合も、何もかも否定したい思春期の頃に、「何をやりたいの？」と聞いたら、「何もやりたくない」という答えが返ってきました。想像どおりです。でも、「将来、あなたはどんな人でありたい？」「例えば将来、どんな服を着て働いているかな？」と、軽く聞いてみたところ、「楽しく生きている人。白衣を着ているような気がする」という答えが返ってきたのです。

「やりたいこと」は特に見つからなくても、将来の自分をイメージすることはできたようです。そして、彼女は今、医学部を出て、研究に携わっています。

ひと言、自分から発した言葉が発端になって、意識が変わり、人生が開かれていくことはよくあります。もちろん、すぐに意識が変わらないこともありますし、言ってみたけれど違う結果になることもあります。でも、自分を客観視しながら、「どうありたいか」を考えることは、子どもが自由に発想できる、大切な経験であることは間違いありません。

ポイント

「自分はこんなふうになりたい」と言葉に出すと意識が変わり、将来が開け、自信がつく。

「うちの子、オタク……」と心配しない。将来、スペシャリストの可能性だってある

オタク・マインドは専門家になる可能性大

子どもが一つのことばかりをやっていると、親は心配になるものです。「もっといろいろな経験をすればいいのに」「好奇心がないのかしら」と。身体を動かすことではなく、家の中で、パソコンに向かう時間ばかりを過ごしていたら、心配はさらに大きくなります。背中を丸めて没頭している姿には、「うちの子、オタク……」と嘆きたくなるでしょうが、オタクは言い方を変えれば、スペシャリスト。リスペクトされる資質かもしれません。オタクというのは、ある一つのことに没頭できる、いわばダントツ・マインドのある人たちです。

何か一つのことばかりして、他のことには興味がない。勉強もあまりしないし、女の子らしいことにも興味がない。一つのことに没頭する姿を、「他のことをやらない」と捉えれば、ネガティブな資質に見えてしまいますが、「一つのことに没頭できる」からこそ、その世界に対して深い知識や経験が得られるとも言えるはず。本ばっかり読んでいる、数学は好きだけど他の教科はぜんぜん、部活ばっかりやっている。みんなダントツ・マインドの子どもたちです。

多くの女の子やそのお母さんは、なんでも平均点以上をとることを目指します。ジェネラリスト志向です。しかし、時代はスペシャリスト志向です。とんがっている人間が求められています。

もしも、オタクだということに、子どもがコンプレックスを感じているなら、お母さんは「好きなことがあっていいね。将来、その道の専門家となれるかもね」と伝えてあげましょう。もちろん、睡眠や食事はちゃんととり、宿題をする、時間を決めてやるなど、ルールや健康に留意することは約束させます。また、没頭するフリをして、嫌なことから逃げようとしているだけなら反則。あくまで純粋に一つのことに没頭しているなら、応援者になってあげてはいかがでしょうか。

ポイント

ジェネラリストばかりでなくていい。スペシャリストの良さを伝えよう。でも睡眠や食事、学校生活などに支障が出たら注意を喚起。

「お母さんがいきいきしてる」こと。子どもはその姿を見て自立していく

思春期からは、母親も一人の女性として羽ばたく

娘にとって、母親は常に一番身近な大人の女性です。その女性が、自分らしい自立した人生を生きていることは、実は、子育て以上に重要なことかもしれません。

母親はいつも娘のことが心配で、いつまでも娘のそばで手取り足取り何かをしてあげたい、あるいはしなければならない、と思っています。けれど、**思春期を無事に迎え、大人として羽ばたいてもらうためには、母親は手をゆるめ、娘がつたなくても一人で生きていく姿を見守る**、というスタンスに切り替えなくてはいけません。

例えば、思春期の娘は、親のことをどう見ているでしょうか。

私の母は、とても賢く優秀な女性です。しかし、母が親となった時代は、それこそ女性がいきいきと自立して生きる時代ではなかったのです。

母が心を注いだのは、「家族のために家事をする」ことでした。家事は全てカンペキ、料理も上手で器用な人ですから、お菓子も手作り。スーパー主婦で、子どもの頃は、そして今も自慢の母です。

しかし、母は何も言わないけれど、どこかで「あなたたちのためにやっているのよ」という主張を、無言でしていたように感じます。自分の人生を犠牲にして、精一杯家族のために尽くしているのだと、母の背中が言っていたと感じるのです。

子どもの頃は、母の手作りのお菓子がうれしかった、けれど、思春期を迎えると、だんだんそうした母の生き方が、私の重荷になってきたのです。

もっと毎日を楽しんでくれている母のほうがいいな。いろいろ世話してくれるのはうれしいけど、その分、自分たちをいつも見ていて、正直、重たい。習い事などを楽しみ、たまに遅く帰ってきてくれたら、もっと気がラクなのに……。思春期の私はあまのじゃくで勝手なものでした。

子どもと同じ問いかけを自分にもしてみよう

もしかすると、思春期のお子さんたちは、みんな母親に対して、こんな思いを持っているのではないでしょうか。親には自由に生きていてほしい、と。

真面目なお母さんたちは、きっと「家族をほったらかしにはできないわ。私がやらないと……」と思っていることでしょう。でも、思春期の子どもは、「家族のために犠牲になっている」なんて思われてはたまらない、と感じています。もちろん、毎日午前様ではひどいけれど、適度に家庭から離れ、自分に目を向け、自分を向上させようと思っている母のほうが、子どもはラクなのかもしれません。ネガティブな小言ばかり聞かされたくない、いきいきと過ごしている母親からポジティブな未来の話を聞きたい——。

母親が娘に対して「自立してほしい」と思っているように、娘も母親に「そろそろお母さんも女性として自立してほしい」と思っているのではないでしょうか。

さて、子どもに言っていることを自分にも質問してみましょう。

「あなたは、あなたの人生を自分らしく生きるために、この先何をしていきますか？」

「子どものために生きていく」はナシです。それは、娘が望んでいません。

子どもが思春期を迎えたら、お母さんも、自分らしく生き始めましょう。

家から一歩外に出てみるだけで、自立へのチャンスが生まれる

好きなことを見つけるのは大変です。これまで、家族のために、懸命に生きてきたので

すから、余計です。どうやって足掛かりを得たらいいのかも、わかりませんよね。

私も同じでした。ずっと専業主婦で子どもたちばかり見つめてきたので、自分のことを考える習慣がなかったのです。でも、子どもたちが思春期を迎えてから、これではいけない、と実感しました。

私はまず、家から外に出ようと思いました。一緒にランチをしてくれる人を見つけて、昼ご飯を食べ、おしゃべりをする。人の話を聞くことで生きるヒントが得られ、自分のことを語ることで、やりたいことが見えてきます。

無理やりでも、面倒くさくてもやっているうちに、少しずつ自分がポジティブに変わっていくのがわかりました。

外に出るのが難しいなら、いつも読まない本や雑誌を読んでみてもいいと思います。レシピ本を1冊買って、今までと違う料理を作ってみるのでもいい。そうした小さな変化を起こすことが、自立する娘を送り出し、自立した自分も作り出す基盤となるのです。

ポイント

家の中から意識的に外に出てみる、新しい体験をする。母親のそんな行動が、子どもの自立につながる。

「娘との関係がうまくいってない」ときは自分の母との関係を見直してみよう

実母との違和感を引きずっているなら、今こそリセット

私は教育コーチとして、子育て中のたくさんのお母さんの悩みを伺っています。そんな中で感じるのは、我が子といい関係性を作れないと苦しむ人には、ご自身のお母さんとの関係性もよくなかった、と感じているケースが非常に多いということです。

ご自身の母娘関係は、お子さんとの母娘関係の基盤なのでしょう。子育ての悩みの解決に向けて、ご自身の母娘関係を見直してみるのは、一つの手かもしれません。

では、具体的に何をしたらいいでしょうか。

ご自身のお母さまがご存命なら、話してみましょう。二人の関係がこじれる原因があり、その時に、お母さまが言った言葉を覚えているなら、思い切って聞いてみましょう。その言葉をなぜ言ったのか、どんな思いで言ったのか。

「あのとき、お母さんは本当は何を伝えたかったの？　自分は未熟でうまく答えられなかったけれど、それが今でも気になっているの」と。けっしてお母さんを責めず、静かに伝えてください。当時の自分の気持ちを伝えましょう。「私は寂しかったよ。お母さんが好きだからね。その気持ちだけわかって」と、「アイ・メッセージ」（95P参照）で言ってみてください。

お母さんからの返答は、期待しません。謝ってもらうことが目的ではなく、長年言えなかった自分の気持ちを、母親に伝えることが目的です。**長年抱えていた不満や不安を、言葉にして伝えることさえできれば、それで母娘の関係は、修復できることもあるのです。**今は年老いた母親に、自分の気持ちを素直に話し、それを聞いてもらえた。これだけでも、大きな勇気となり、我が娘との関係もよくなるという自信がつきます。

母娘はぶつかるものです。大切に思えば思うほど、ぶつかることも多くなります。しかし、どれだけぶつかっても、母娘の関係は壊れません。時間がかかるかもしれませんが、いつか必ず修復できる、それが母娘の関係なのです。

ポイント

くすぶっていた実母への気持ちを打ち明けて仲直りしよう。母娘の関係を三代で考えると、子育ての悩みが晴れてくる。

お母さんと娘さんに贈る「7つ+α」のステキな大人女子の条件

魅力的な女性はコミュニケーション上手

最後に、思春期の女の子の子育ての集大成として、私なりに「ステキな大人の女性の条件」を7つ考えてみました。

1．コミュニケーションが上手にとれる。特に、人の話を聞くことができる。
2．相手の気持ちになって考え、行動できる。
3．全体を俯瞰する目、細部を見る目、両方を備えている。
4．自分の意見を自分の言葉で表現することができる。
5．自分を客観視し、反省しながら成長することができる。
6．評論家にならず、自分が行動して意見を示すことができる。
7．仲間を作ることができる。

7つの条件に通底しているのは、自分を持っているということ、行動力があり、周囲とつながることができること、ということでしょうか。

人は一人では生きられません。周囲と連携しながら生きています。大人になればなるほど、周囲とのつながりは、大切になってきます。

その上で、もうひとつ追加したいのは、**「お願いができる人」**。

人は、誰でもカンペキではありません。できないことを自覚し、できないことは人の力を借り、みんなで乗り越えていけばいいのです。そんなとき、人に「あなたの力を借りたい、お願いします」と素直に頼める人はステキです。そして、やってもらったら感謝し、次はその人の役に立てるように努力します。お返しするのは、他の人でも構いません。

思春期を迎えた母娘の関係も、「やってあげる」関係から、「連携をとって生きていく」関係になるといいですね。さらには、「お願いができる」関係に。互いをリスペクトし合える関係を、楽しみながら築いていってください。ステキなお母さんは、ステキな娘さんを育てます。ステキな娘さんがいるから、母親はステキなお母さんになろうと思うのでしょう。

ポイント

母娘の関係は上下の関係から信頼して伴走する関係へ。お互いをリスペクトしながら自立していこう。

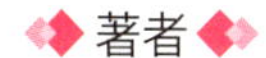

著者

江藤真規（えとう まき）

教育コーチングオフィス「サイタコーディネーション」代表、母親のための学びの場「マザーカレッジ」主宰。自身の子どもたちの中学受験を通じ、コミュニケーションの大切さを実感し、コーチングの認定資格を習得。現在、講演、執筆活動などを通して、教育の転換期における家庭での親子コミュニケーションの重要性、母親の視野拡大の必要性を訴えている。

東京大学大学院教育学研究科修士課程修了。現在、同研究科博士課程に在籍。

著書は『勉強ができる子の育て方』『合格力コーチング』（以上、ディスカヴァー・トゥエンティワン）、『「勉強が好き！」の育て方』（実務教育出版）、『ママのイライラ言葉言い換え辞典』（扶桑社）など多数。

装丁・本文	ティエラ・クリエイト（小沼修一）
編集協力	三輪 泉
校正	小川かつ子

母親が知らないとツライ
「女の子」の育て方

発行日　2019年　3月　3日　　　第1版第1刷

著　者　江藤　真規

発行者　斉藤　和邦
発行所　株式会社　秀和システム
〒104-0045
東京都中央区築地2丁目1−17　陽光築地ビル4階
Tel 03-6264-3105（販売）　Fax 03-6264-3094
印刷所　図書印刷株式会社

ISBN978-4-7980-5598-5 C0037